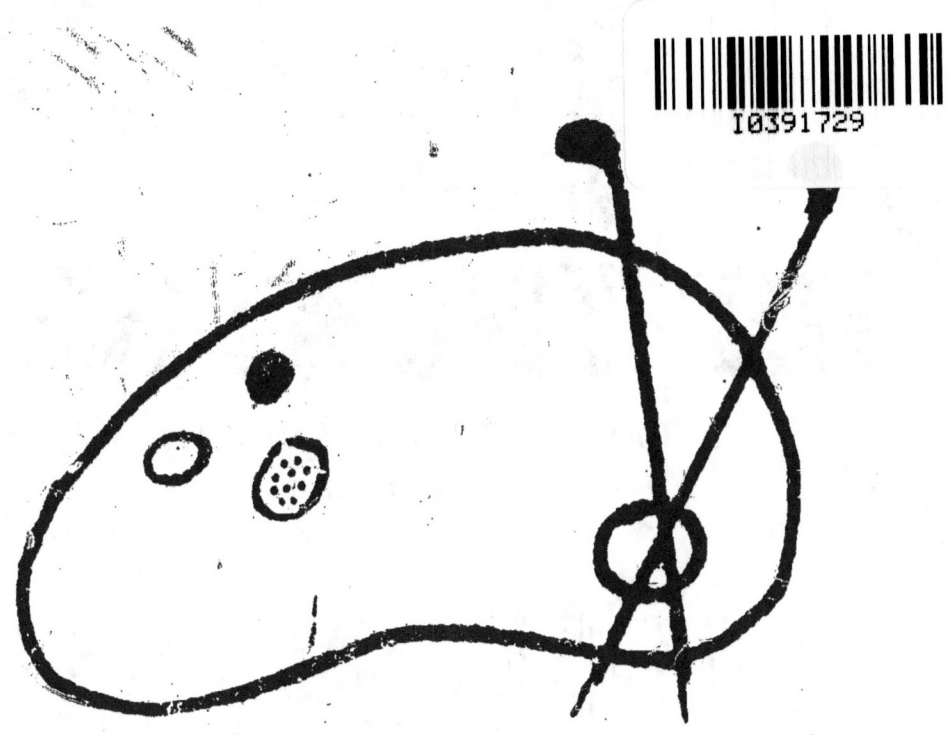

Couvertures supérieure et inférieure
en couleu.

PHYSIOLOGIE
DU THÉATRE

A PARIS ET EN PROVINCE,

PAR L. COUAILHAC,

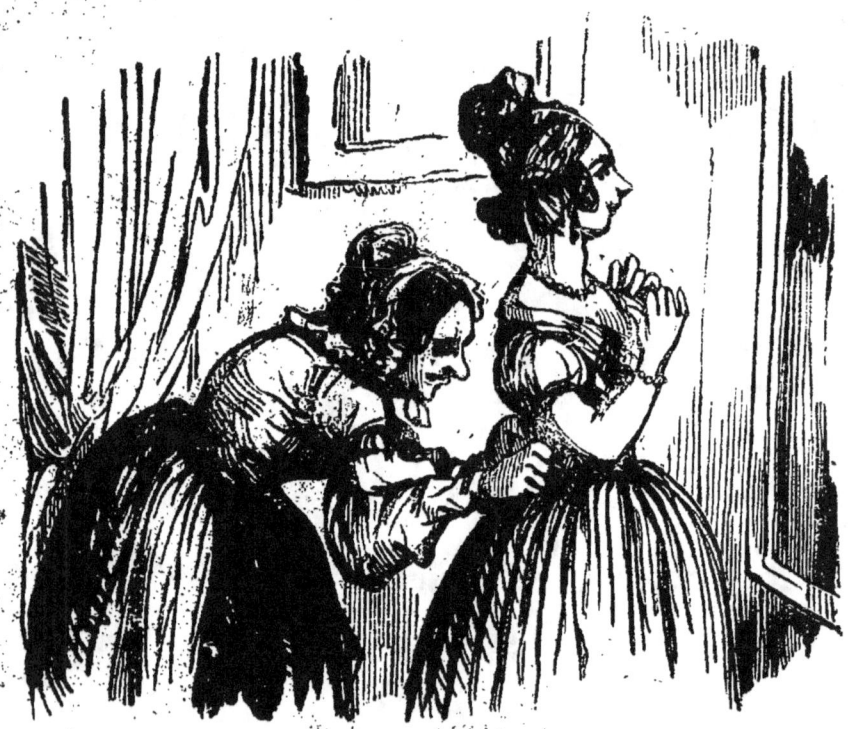

PARIS,

JULES LAISNÉ, ÉDITEUR, GALERIE VÉRO-DODAT,

AUBERT ET COMP.. | LAVIGNE,
ace de la Bourse. | Rue du Paon-St-André.

1842.

I ¦6
Li 112

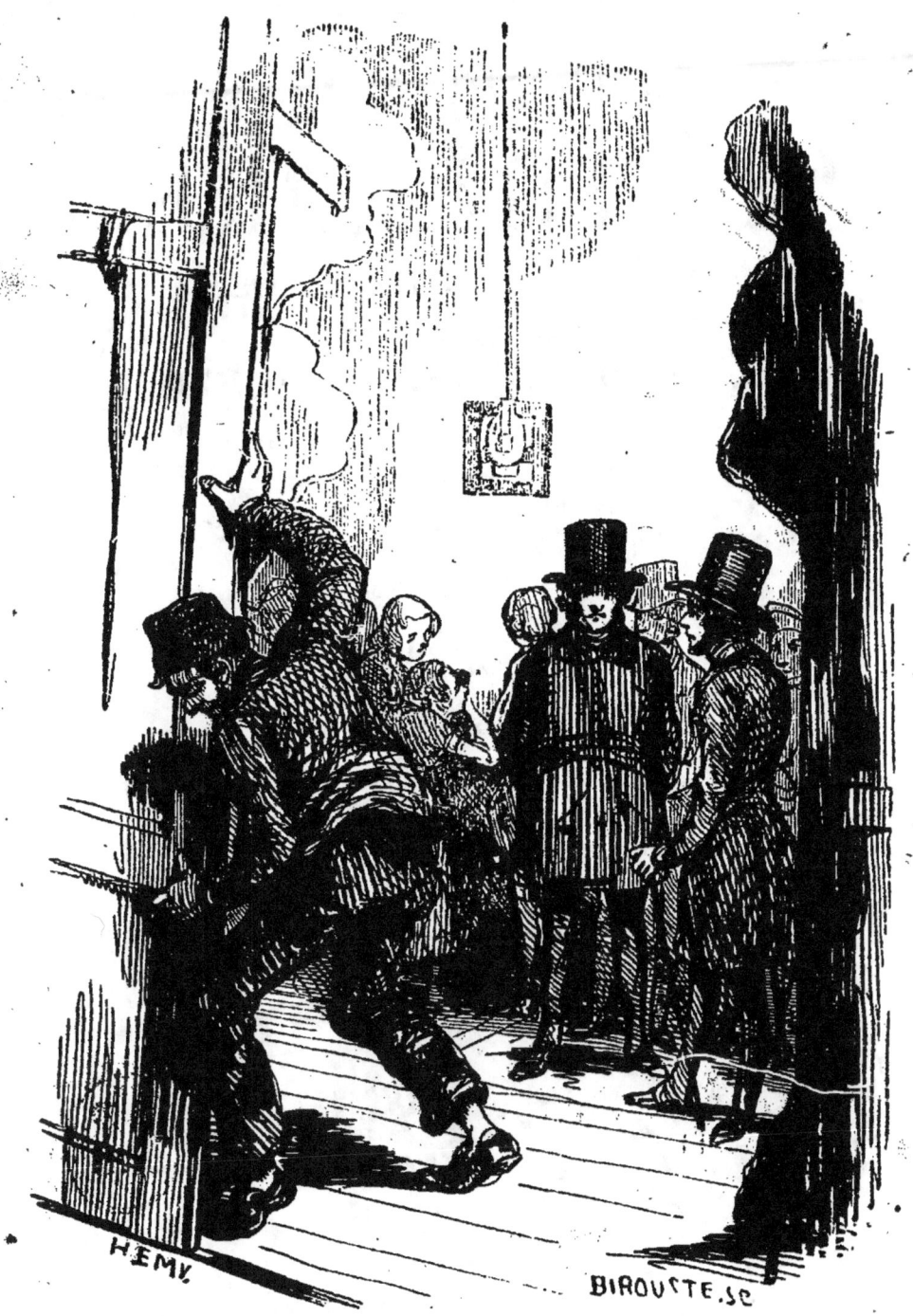

PHYSIOLOGIE
DU THÉATRE,

A PARIS ET EN PROVINCE,

PAR L. COUAILHAC,

Vignettes de H. Émy gravées par Birouste.

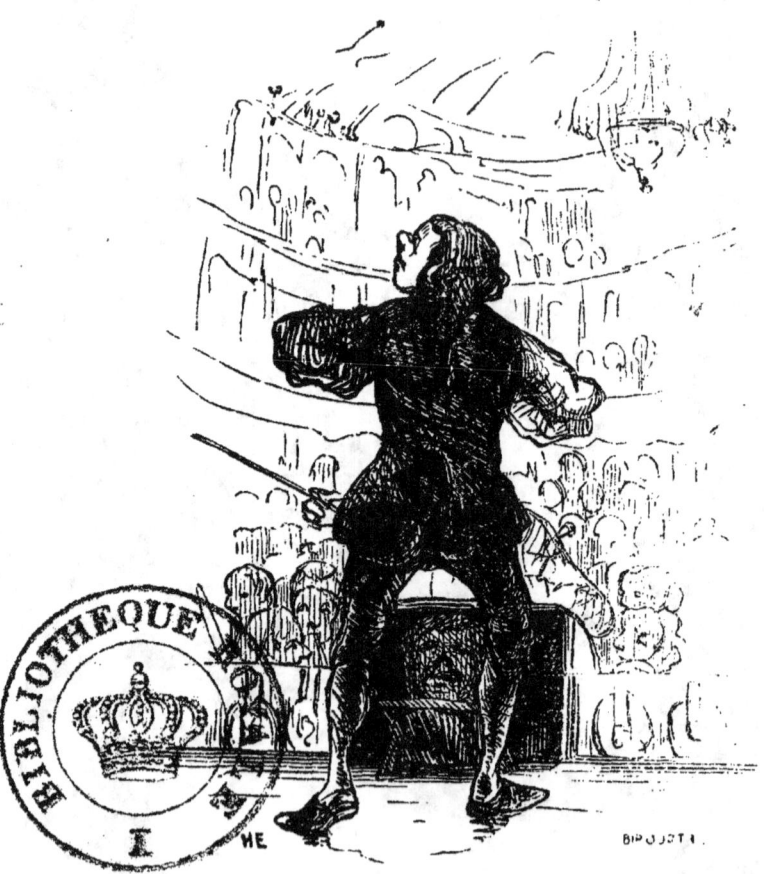

PARIS,

JULES LAISNÉ, ÉDITEUR, GALERIE VÉRO-DODAT.

AUBERT ET Cᵉ,   LAVIGNE,
Place de la Bourse.   Rue du Paon-Saint-André.

1842

Imp. SCHNEIDER et LANGRAND,
r. d'Erfurth, 4.

INTRODUCTION

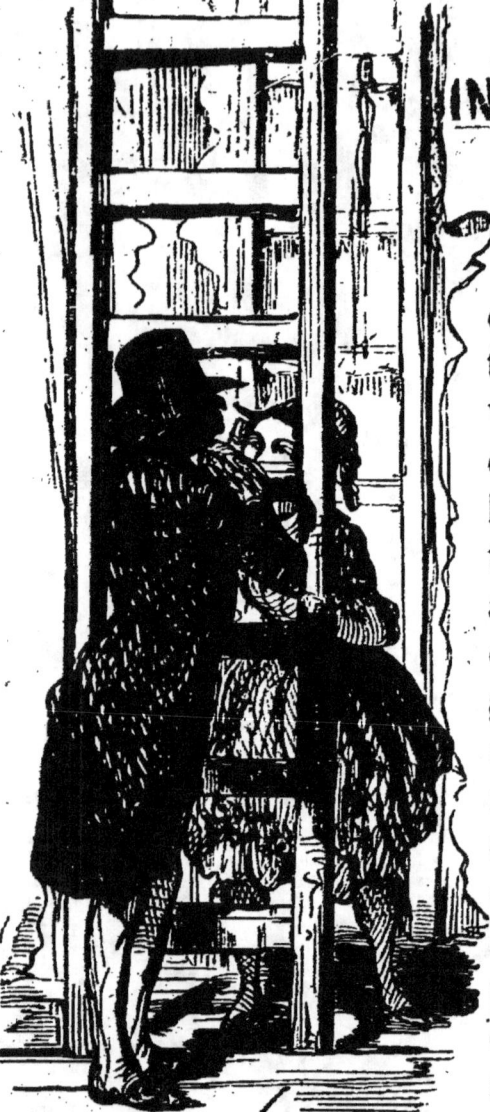

H. EMY.

BIROUSTE.

Au théâtre, peu de gens se contentent de ce qu'ils voient de leur loge d'avant-scène ou de leur stalle d'orchestre. Tous veulent aller au delà, tous cherchent à distinguer ce qu'il y a derrière la toile de fond; le foyer des acteurs, les loges des actrices, les coulisses, sont pour le public une espèce de terre promise sur laquelle chacun brûle de mettre le pied. Mais la consigne est impitoyable. Pour pénétrer dans le sanctuaire, il faut être l'un des desservants du culte, comédien, auteur ou tout au moins journaliste.

Eh bien ! honnête public, je prends en pitié ton insatiable curiosité. Jusqu'ici on t'a fait voir des étoiles en plein midi. Ceux qui prétendaient te servir de guides dans l'oscur labyrinthe n'avaient point reçu des mains d'Ariane le fil protecteur. Ils n'avaient jamais vu la scène que du parterre, et e plaisaient à étaler devant tes yeux bénévoles des tableaux aux couleurs vulgaires et banales.

Quant à moi, honnête public, je fais tous les soirs par métier (je pourrais dire *métiers*) le petit voyage que tu désires entreprendre en partie de plaisir. Je puis donc te servir de guide. Mais surtout ne va pas me trahir. On m'enlèverait mes entrées de faveur ; et je tiens à mes entrées. Je n'ai pas besoin de te dire pourquoi !

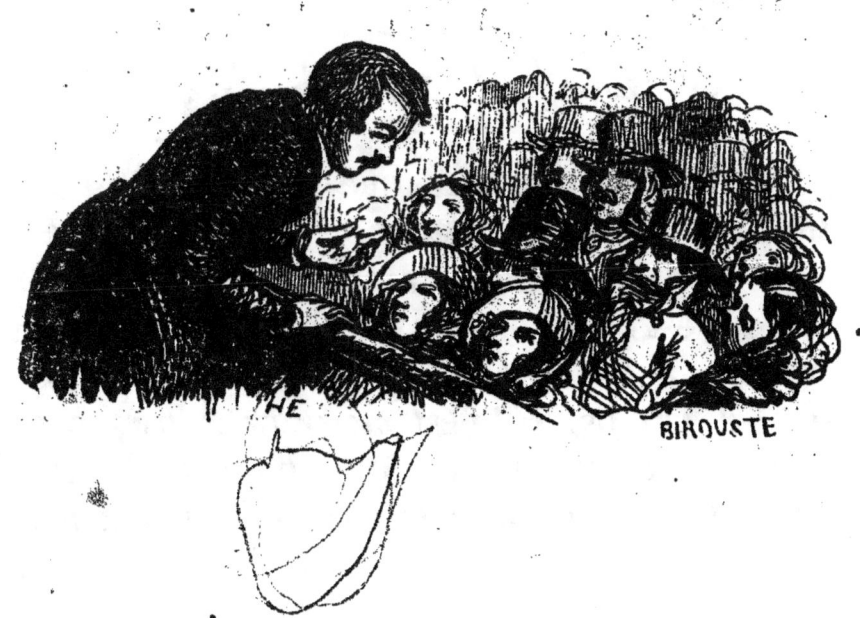

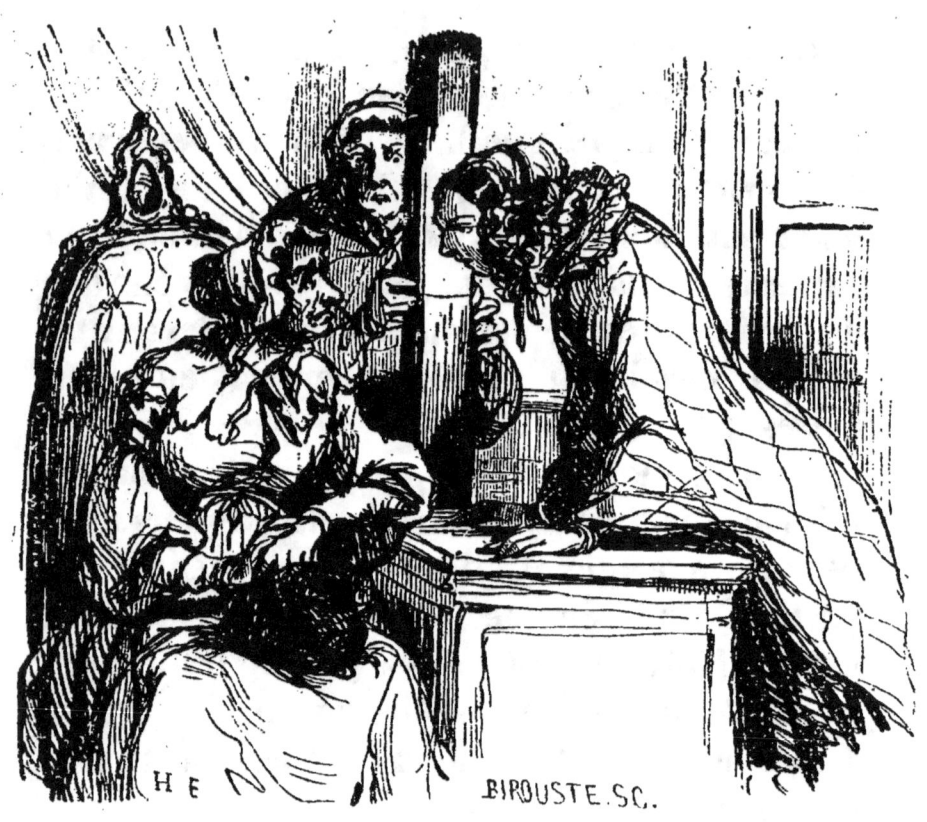

I.

LA PORTIÈRE DES COULISSES.

Madame Rigaulard, que j'appellerai *la por-*
tière des coulisses, pour me servir de l'expression vulgaire, quitte rarement le coin de son
feu, qui est entretenu par le bois de l'administration ; aussi, comme celui de Vesta, ne s'é-
teint-il jamais. Elle est assise dans un grand
fauteuil à clous dorés, débris de quelque drame
qui a fait son temps ; elle tient sur ses genoux

un gros chat noir, et agace de temps en temps un perroquet qui, placé sur son épaule, minaude et jabote. Elle n'est point tellement occupée de ces plaisirs domestiques, qu'elle ne jette par moments un coup d'œil scrutateur sur la porte, pour bien constater l'identité des personnes qui entrent ou qui sortent.

La Rigaulard est une ancienne actrice de province. Elle a longtemps tenu l'emploi des tabliers (*soubrette, servante*) dans les premières villes de France, à Lyon, Bordeaux, Lille, Rouen. Son petit nez retroussé et sa voix mordante plaisaient beaucoup à messieurs les abonnés civils et militaires. Puis l'âge est venu; il a fallu alors se résigner à descendre jusqu'aux troupes d'arrondissement et à faire les beaux jours d'Angers, d'Amiens, de Béziers et de Carcassonne. C'est à cette époque que notre portière épousa M. Rigaulard, souffleur à la poitrine forte. Enfin, grâce à d'anciens souvenirs qu'elle sut invoquer avec force et éloquence, la Rigaulard et son mari entrèrent dans un théâtre de Paris..... en qualité de concierges.

M. Rigaulard n'existe point. Madame Rigaulard est maîtresse au logis, et quand elle a dit : « Je le veux, » le pauvre souffleur baisse la tête et obéit. Aussi tout le personnel du théâtre ne connaît-il que madame Rigaulard. Il n'est jamais venu en tête à personne de dire : *Je vais demander cela à M. Rigaulard*, ou *je vais dire cela à M. Rigaulard.* Quand on parle de M. Rigaulard, ce n'est que pour mémoire (1).

Depuis l'heure de la première répétition jusqu'à l'heure de la clôture des portes du théâtre, la loge de madame Rigaulard est le rendez-vous ordinaire des actrices de troisième ordre, des figurantes, des habilleuses. C'est là que se produisent pour la première fois, que se perfectionnent ensuite les cancans, les bavardages, les méchancetés, les calomnies. Si l'on veut entendre dire du mal du prochain, si l'on tient à connaître les petits secrets de coulisses, les anecdotes scandaleuses de l'endroit, l'histoire intime de quelques-unes de ces dames, les liaisons et les ruptures, les brouilles et les raccommodements, il faut obtenir pour quelques instants une place auprès du poêle de madame Rigaulard, et l'on ne se plaindra pas d'avoir perdu sa soirée.

(1) Nous ne faisons ici aucune allusion à l'ancienne profession de M. Rigaulard, et nous déclinons hautement la responsabilité de tout calembour qui pourra se faire à la lecture. (*Note de l'auteur.*)

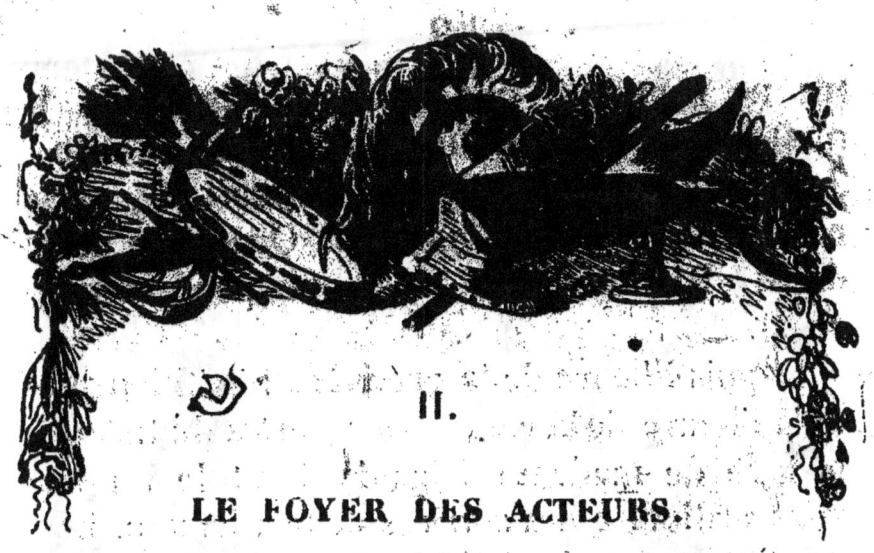

II.

LE FOYER DES ACTEURS.

Une gran e pièce carrée ; tout autour un banc recouvert de velours rouge ; une cheminée surmontée d'une glace ; quelquefois une psyché dans un coin; un petit tableau appendu au mur , et contenant l'indication de l'heure des répétitions et de la composition du spectacle du lendemain : tel est ordinairement le foyer des acteurs.

Le spectacle va commencer.

Tous les artistes qui jouent dans la première pièce descendent successivement de leurs loges, entrent dans le foyer et donnent dans la glace un coup d'œil à leur toilette.

Bientôt arrivent les auteurs, les petits journalistes, les flâneurs de tout genre; le médecin du théâtre, le capitaine des pompiers, l'avocat de l'administration, le protecteur de la première danseuse, le cousin du directeur, le dessinateur des costumes, etc., etc.

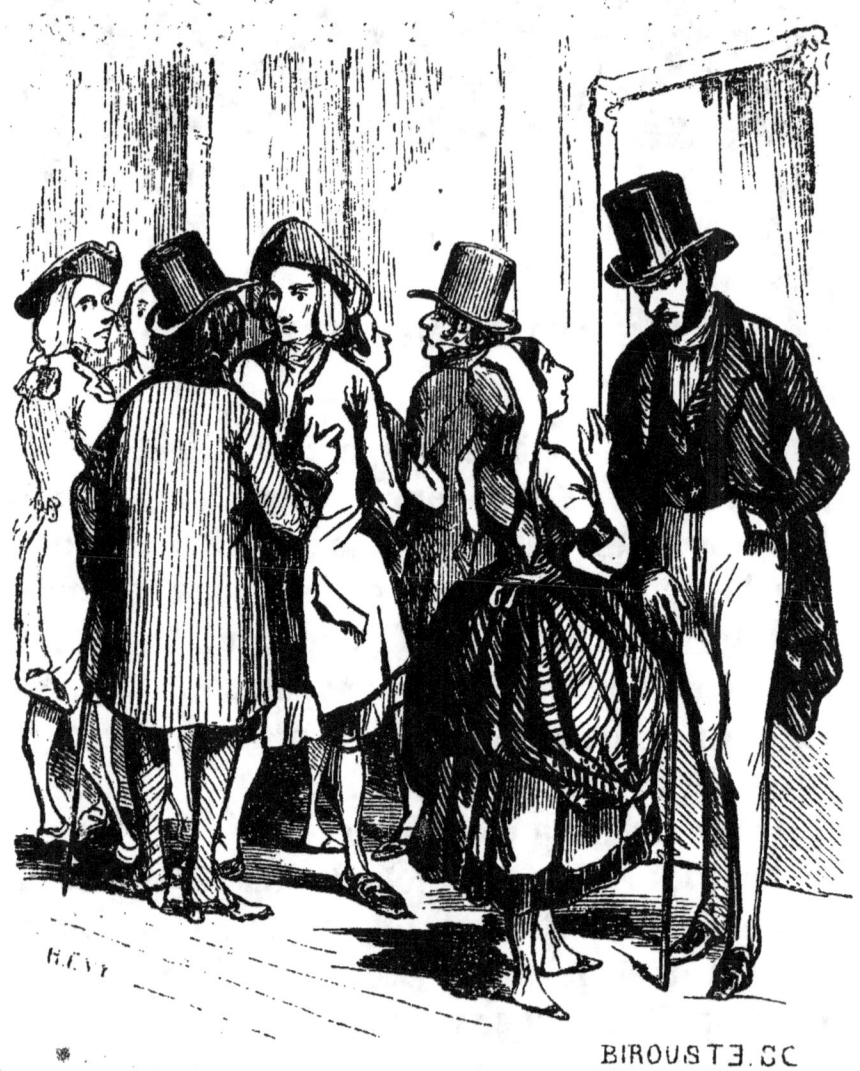

Les conversations s'engagent.
Dans un coin, mademoiselle Minette, jeune

actrice que le public a jusqu'ici accueillie assez froidement et qui n'a pas encore pris sa revanche, supplie le faiseur de pièces de l'établissement de lui confier un rôle qui puisse faire ressortir toutes ses qualités; elle demande un dialogue égrillard, beaucoup de chant et un costume très-décolleté.

Plus loin, M. Léon Tricotin, rédacteur en chef de l'*Abeille des Théâtres*, feuille qui se tire à trente-trois exemplaires, donne d'un air important des conseils saugrenus à trois ou quatre acteurs comparses qui ont la bonté de l'écouter, et leur promet de faire mention d'eux dans le prochain numéro de *son journal*. Ce *prochain numéro* paraît rarement.

Ici, mademoiselle Atala, seconde danseuse, fait des jetés battus en s'appuyant sur le bras complaisant d'un actionnaire du théâtre; là, M. Isidore, traître de mélodrame, déclame une longue tirade en se frappant la poitrine et en faisant de grands gestes.

Quel est ce monsieur qui arrive d'un air tout affairé et se hâte d'aller jeter un coup d'œil sur le tableau? C'est M. Gratteporte, fournisseur de vaudevilles, et mari d'une femme de beaucoup d'esprit. Il vient voir si l'affiche du lendemain portera l'une de ses pièces, ou plutôt l'une des pièces de sa femme. On l'a oublié. Il frappe du pied, se dirige en courant vers le cabinet du directeur, et en sort avec l'assurance que l'affiche sera modifiée et qu'il touchera le lendemain des droits d'auteur.

Mais le coup de sonnette a retenti, et l'orchestre a préludé. Les acteurs vont au théâtre, et le foyer, jusqu'à l'entr'acte suivant, tombe dans une sorte de calme plat.

Il y a ordinairement un second foyer pour la démocratie du théâtre : les comparses, les figurantes, les musiciens subalternes de l'orchestre ; là tout se ressent des mœurs du peuple. L'atmosphère est plus épaisse, la conversation plus bruyante, les hostilités plus brutales, les sympathies plus effrontément affichées ; mais au fond la différence n'est pas grande.

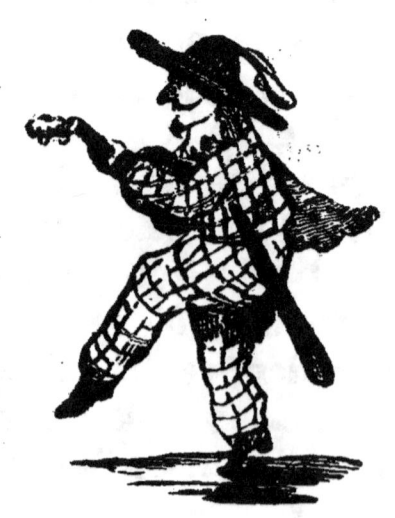

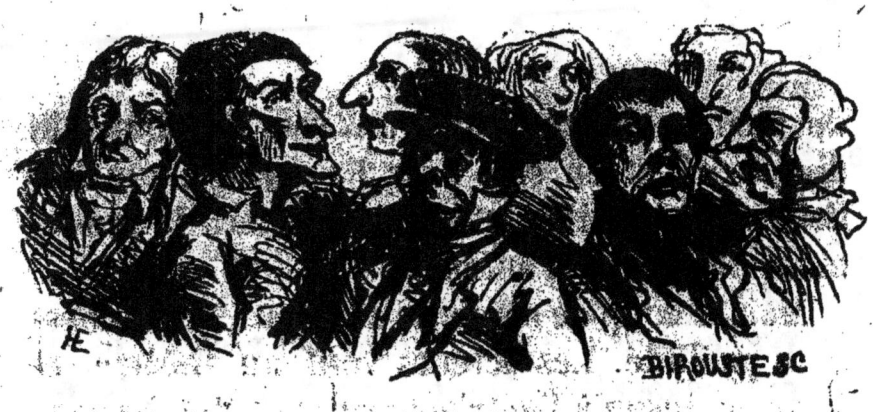

III.

LE COMIQUE.

Il est passé le temps de ces bons et francs lurons qui, sous la souquenille de Gros-Jean, ou sous la livrée de Dubois, jouaient rondement, animaient les planches de leur gaieté naturelle, et apportaient à la ville quelque chose de la *furie* du théâtre. A peu d'exceptions près, ce type est perdu.

Le comique se croit actuellement appelé à jouer un rôle dans la comédie sociale. Il est devenu grave. Il ne se contente plus de servir tous les soirs le plus gaillardement possible les beaux jeunes marquis de Molière, et d'enlever les filles au nez de Sganarelle; il raisonne son jeu, il traduit l'art en préceptes, il enseigne, il écrit. Crispin est devenu professeur, et Jocrisse membre de la société des gens de lettres.

Autrefois le comique était, à la ville comme au théâtre, le plaisant de la troupe. On attendait ses saillies, on recueillait ses bons mots, on applaudissait à sa verve. Aujourd'hui, le comique fait fi de pareils succès... Voyez-le... il s'avance à pas lents, comme un recteur suivi des quatre facultés. Il est vêtu de noir, et boutonné jusqu'au menton; sa physionomie est sombre et sévère... Il vient à vous... il vous aborde... fuyez, car vous allez essuyer le feu d'une conversation sur *l'avenir de l'art,* ou sur les *mystères de la question d'Orient.*

Le comique est officier de la garde nationale, électeur, et prend une part très-assidue à tout le mouvement politique de son arrondissement.

Le personnage de *loustic,* abandonné par le comique, est ordinairement ramassé par le membre le plus spirituel de la troupe. On comprend que le hasard est ici maître souverain. Le loustic est premier ténor, ou tyran de mélodrame, souffleur, ou musicien, homme ou femme. Il arrive assez souvent qu'il surgisse un loustic des derniers rangs de la hiérarchie dramatique. Alors il a tous les priviléges du fou du roi. Le sous-régisseur lui-même n'ose pas le mettre à l'amende.

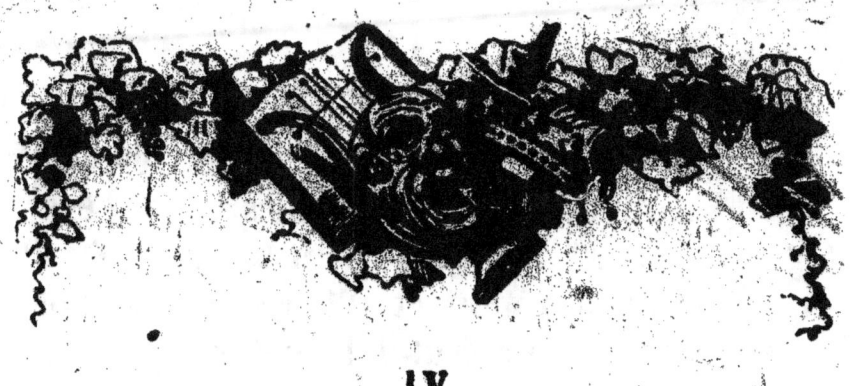

IV.

LE PREMIER RÔLE.

On remarque que nos premiers rôles et nos amoureux, c'est-à-dire ceux qui sont chargés de continuer au théâtre les traditions de la belle tenue, des grandes manières, de l'élégance, de la rouerie spirituelle et fine, ont pour la plupart des allures passablement lourdes et bourgeoises. Les grâces qu'ils n'ont pas, ils les demandent à leur tailleur.

Comment en serait-il autrement ?

Autrefois le théâtre était une carrière excep-
tionnelle. Lorsque le fils d'un honnête marchand montait sur les planches, son père le
maudissait, et il devenait pour toute sa famille
un objet d'exécration et d'horreur... Avant la
révolution, où se recrutait le théâtre? au théâtre
même, ou dans les classes les plus brillantes de
la société. Le fils d'un acteur embrassait la profession de son père. Élevé dans les coulisses,
sur les genoux des reines, comme disait Fleury,
reines de théâtres ou reines de Versailles, au
milieu de toute cette société factice qui repro-
duisait trait pour trait la grande société d'alors,
au milieu de toute cette belle comédie de Cor-
neille et de Molière, de tout ce beau langage,
de toutes ces belles intrigues, de toutes ces
grandes façons, ce jeune homme n'était point
embarrassé lorsqu'il se présentait dans le salon
de Célimène, au milieu des marquis aux grands
canons. Il y entrait de plain-pied et avec aisance ; il connaissait déjà tout ce monde-là, et
il ne faisait que continuer sur la scène une sorte
de personnage qu'il jouait tous les jours à la
ville et à la cour.

Il arrivait souvent aussi que des gentils-
hommes ruinés par le vin, le jeu et les parti-
sans, et ceux qui ne trouvaient pas sur leur
chemin de *bourgeoises à la mode,* se jetaient

2

sur les planches sous un nom de guerre pour dérouter leurs créanciers, et pour faire enrager leur famille qui leur avait refusé de l'argent et voulait les engager dans Malte. A ceux-là il n'y avait rien à apprendre. Chez Célimène ils étaient sur leur terrain, et renouaient tout naturellement les relations qu'ils venaient de rompre dans le monde.

Aujourd'hui que le préjugé contre les comédiens a presque entièrement disparu, à Paris surtout, le théâtre est une carrière ouverte.

Un jeune homme s'y destine sans attirer sur sa tête la malédiction de son père, sans exciter les larmes de sa mère. On dit dans les familles : notre aîné sera avocat, notre second médecin, notre troisième peintre, et notre quatrième *acteur*. Et comme la profession de comédien est estimée une profession qui fait vivre et bien vivre, et par laquelle on peut réparer les injustices de la fortune, c'est presque toujours du sein de la bourgeoisie inférieure et peu aisée que sortent les comédiens. Vous devez sentir combien ces jeunes gens qui s'échappent d'une arrière-boutique, d'un petit atelier, d'une mansarde, sont dépaysés lorsqu'ils se trouvent tout à coup en contact avec Alceste et Elmire. Combien peu sont sortis vainqueurs de cette épreuve ! Les femmes la supportent plus facilenient. Beaucoup d'entre elles se mettent assez promptement au diapason: Il y a dans les femmes je ne sais quelle distinction innée, qui ne tient pas à leur éducation, mais à leur nature même, et dont le type se reproduit à toutes les époques avec des modifications inévitables, mais faciles à harmoniser.

Je le dirai avec franchise, parce que ce n'est pas la faute des comédiens, leurs manières se ressentent un peu de la société au milieu de laquelle ils vivent. Où iraient-ils prendre maintenant des leçons de grande tenue et de belles manières? Nous sommes mesquins, lourds, positifs; nous avons transporté la bourse et le marché dans nos salons. Que nous veut donc la comédie de Dancourt et de Marivaux?

Autrefois (et je constate le fait historique, sans prétendre m'établir le panégyriste du passé), autrefois les comédiens avaient d'heureuses fortunes; les grandes dames du dix-huitième siècle, ces charmantes folles, ne dédaignaient pas de les recevoir dans leur boudoir, de leur abandonner leurs blanches mains, de leur dire leurs plus belles, leurs plus tendres phrases d'amour. Et comment vouliez-vous qu'un pauvre comédien ne gagnât pas quelque chose à ce doux commerce? Il en sortait plus beau, plus fier, plus brave de cœur et de façons... — Allez... lorsqu'il entrait en scène, on s'apercevait bien de son bonheur à la manière dont il portait la tête, au feu qui sortait de ses yeux, aux agréments de sa diction, à la grâce avec laquelle sa main était placée sur la garde de son épée. On l'avait fait duc ou marquis pendant un quart d'heure, il restait duc ou marquis toute sa vie.

L'amoureux de théâtre en est réduit aujourd'hui à ces femmes aimables, à ces lionnes de contrebande, à ces rats des soupers du Café Anglais, à ces Terpsichores du Ranelagh, à ces héroïnes du bal Musard, qui peuplent tous les soirs les avant-scènes de nos différentes salles. Tristes conquêtes! et auprès desquelles on apprend tout au plus à boire de mauvais champagne, à fumer des cigares à quatre sous, à chanter de vieilles gaudrioles et à danser le cancan.

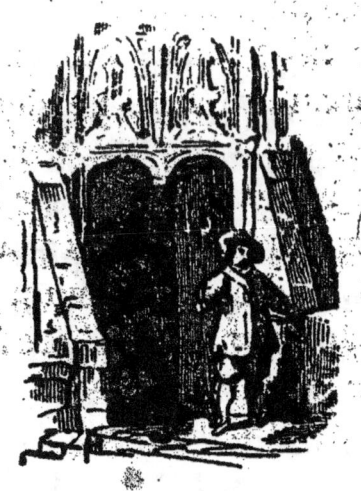

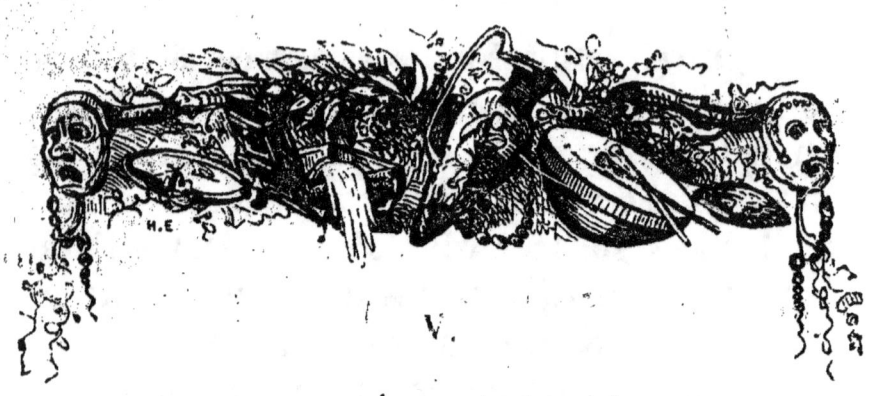

V.

LA PREMIÈRE AMOUREUSE.

La spéculation est à l'ordre du jour dans nos théâtres. N'y cherchez plus, comme type général, ces femmes de grand talent et de grand désordre, qui menaient de front l'art et le plaisir, qui jetaient par les fenêtres, et l'argent qu'elles gagnaient elles-mêmes, et celui de leurs riches protecteurs, et qui, vivant dans une ivresse continuelle, puisaient aux bras d'un amant les inspirations qu'un instant après elles apportaient sur la scène.

Maintenant, dès qu'une actrice commence à devenir indispensable à un directeur, dès qu'elle a atteint le chiffre de huit ou dix mille francs d'appointements, dès qu'elle se fait une réputation et un répertoire, elle aspire à la caisse d'épargne, au pot-au-feu et à la famille. Elle oublie ou feint d'oublier les trois ou quatre *bêtises de cœur* de sa première jeunesse. Elle choisit, parmi ses camarades, un garçon sage, rangé,— et elle l'épouse. C'est lui qui sera dorénavant chargé de lui faire des enfants et de tenir ses livres. Le nouveau couple (on pourrait dire *la nouvelle raison sociale*) est un modèle de sagesse et d'économie ; il n'y a rien à dire sur le compte de M. et madame Gustave. Ils n'ont pas un sou de dette, et mettent tous les ans la moitié de leurs appointements de côté. Pendant trois mois d'été, ils vont donner des représentations en province ; le mari et la femme jouent les rôles qu'ils ont créés à Paris. Pendant les entr'actes, madame Gustave chante des romances, et produit devant le public sa fille aînée qui tape du piano. C'est touchant ! Les voyageurs reviennent à Paris avec quelques billets de mille francs de plus en portefeuille. Je vous assure qu'un pareil mariage, à le considérer au point de vue froid et calculateur, est une excellentissime affaire.

Madame Gustave se montre peu au foyer et vit mal avec ses camarades. Elle affecte du mépris pour celles dont la conduite n'est pas très-régulière, et dont les appointements sont de beaucoup plus faibles que les siens. Lorsque l'une de ces dames étale une nouvelle parure, ou un châle de mode récente, madame Gustave détourne les yeux et lève les épaules. Elle se plaît, comme la mère des Gracques, à marcher entourée de ses enfants. Les mauvaises langues prétendent que la naissance de l'un d'eux est antérieure à son union avec M. Gustave. Mais l'envie a tant d'imagination !

Les traditions du plaisir ne sont plus conservées au théâtre que par les actrices :

1° De peu ou de pas d'appointements, et de peu ou de pas de talent;

2° De beaucoup de passion.

L'histoire des dernières est celle de toutes les femmes qui se trouvent dans le même cas : elle est assez connue.

Nous ne nous occuperons donc que des autres.

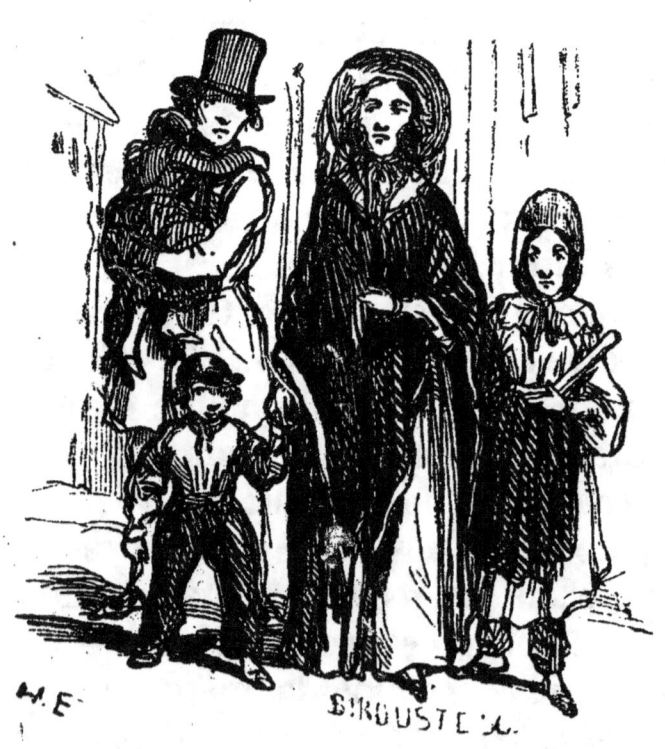

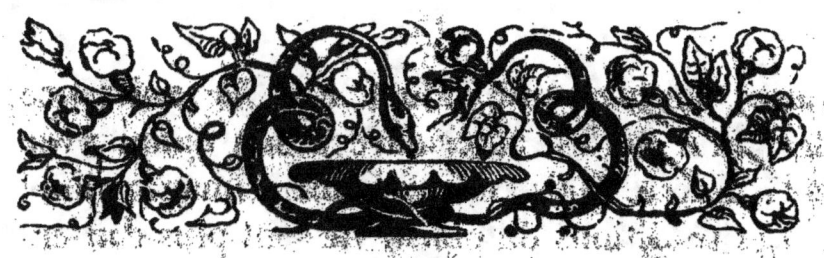

VI.

L'ACTRICE SURNUMÉRAIRE.

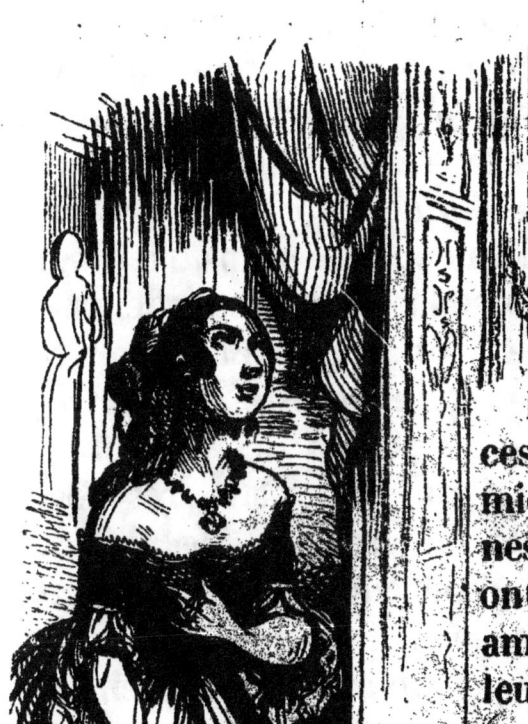

La plupart des actrices qui ont brillé au premier rang sur les scènes de la capitale et qui ont fait preuve d'un amour véritable pour leur art, nous sont venues de la province. C'est en province qu'elles ont fait leur premier pas, c'est en province qu'elles ont débuté. A Paris, lorsque vous voyez l'affiche, et surtout l'affiche d'un théâtre de vaudeville, porter le nom d'une débutante, vous pouvez parier quatre-vingt-dix contre un que la nouvelle comédienne n'a pas choisi la profession théâtrale par vocation et par désir d'acquérir quelque renommée, mais tout bonnement pour se mettre en montre et tirer parti de sa figure. Si vous voulez vous en convaincre, allez la voir quelques mois après son début, et étudiez-la bien en scène. Elle n'entre pas dans l'esprit de son rôle, elle ne s'impressionne pas de l'action dans laquelle elle est engagée.... Pour elle l'action est en dehors de la scène. Elle songe au joyeux souper qui l'attend après le spectacle... elle lance de langoureux coups d'œil au monsieur qui est aux stalles d'orchestre de gauche... aussi combien son jeu est maladroit et pitoyable! C'est égal... elle reste au théâtre. Pourquoi? Parce que trouvant des ressources dans une occupation qui contraste très-fort avec le caractère de son emploi d'*ingénuités*, elle signe avec le directeur un engagement d'après lequel elle joue tous les soirs sans toucher un sou d'appointements. Ou bien, si pour l'acquit de sa conscience elle tient à avoir un salaire, il est si faible qu'elle ne prend pas la peine d'aller le percevoir elle-même à la caisse et qu'elle l'abandonne comme épingles à sa femme de chambre. Cet arrangement convient au directeur, qui, pour une bagatelle, a une actrice jeune et jolie qu'il peut charger de tous ces rôles sans importance pour lesquels il ne faut que des frais de toilette ; il convient aussi à l'actrice, qui de cette façon se produit avantageusement devant ceux dont le caprice peut marchander ses caresses et mettre un prix à ses complaisances. C'est une spéculation en partie double.

L'actrice surnuméraire a de seize à vingt-cinq ans. Son minois est agaçant, son pied mignon, sa tournure provocatrice. Elle porte des diamants dans tous ses rôles, et ses doigts sont toujours surchargés de bagues. Ses camarades l'appellent *la châsse*. Elle possède une abondante collection de cachemires et a une lutécienne à ses ordres. Elle aime beaucoup le champagne ; le public s'en aperçoit souvent. Lorsque son apparition sur les planches a été précédée d'un dîner chez Véry, elle est d'une gaieté folle ; elle ajoute des phrases à son rôle, elle brode, elle amplifie, elle dit des drôleries, elle fait la conversation avec les musiciens, elle trotte, elle sautille, elle est en pleine orgie. C'est Érigone sur le char de Thespis, c'est la Fillon après boire. Les claqueurs trouvent fort amusante cette verve de mauvais lieu, et applaudissent, applaudissent à faire crouler la salle.

Quand l'actrice surnuméraire commence à montrer la corde, quand elle ne séduit plus les vieux banquiers et les pairs de France, quand les gants jaunes ne lui font plus d'agaceries, quand elle n'a plus ni diamants, ni cachemires, ni lutécienne, quand elle porte un parapluie et des socques articulés, alors elle quitte la scène qui ne veut plus d'elle, et va tenir une table d'hôte clandestine dans la rue Notre-Dame-de-Lorette.

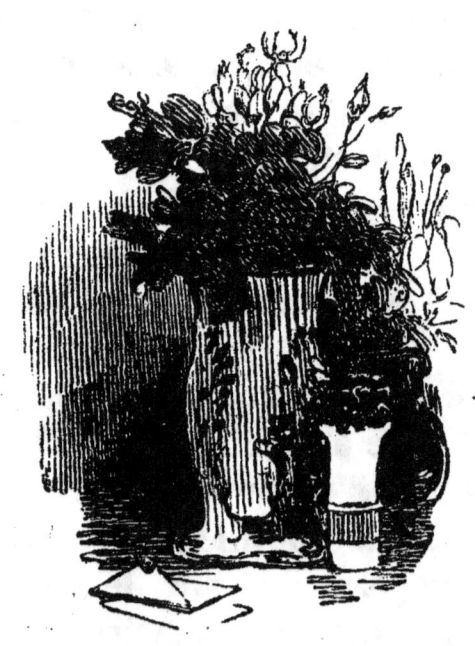

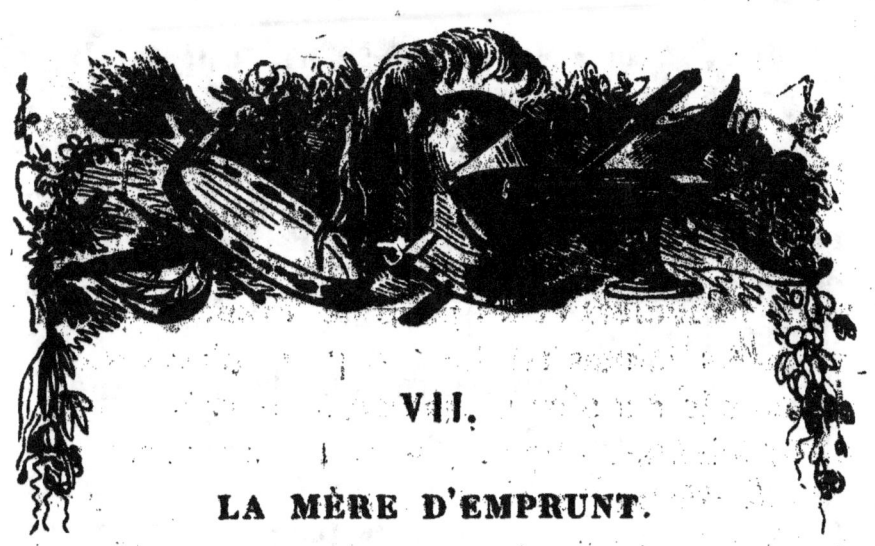

VII.

LA MÈRE D'EMPRUNT.

A côté de l'actrice surnuméraire vient se placer tout naturellement la mère d'emprunt.

La mère d'emprunt n'est pas plus la mère de sa fille, que la fausse mère du jugement de Salomon n'était la mère du petit bonhomme que le sage roi juif voulait faire couper en deux.

La mère d'emprunt est l'une de ces vieilles femmes au chapeau rose fané, au tartan orange, à la robe jaune-serin, qui tombent de je ne sais où, qui pullulent sur le pavé de Paris, et que, dans le cours de votre existence de jeune homme, vous retrouvez tour à tour revendeuses à la toilette, ouvreuses de loges, colporteuses de loteries illégales, portières et mères d'actrices.

Je vais vous dire comment la mère d'emprunt parvient à se procurer une fille.

Une piquante grisette, qui a quitté l'atelier de la fleuriste et le domicile paternel, vient de se montrer avec succès dans un petit rôle sur un théâtre de troisième ordre. Le lendemain elle voit arriver chez elle une vieille femme qui lui dit : « Jeune fille, vous vous engagez dans un sentier bien difficile. Vous avez besoin d'un guide. Je vous servirai de mère. » Puis, la mère d'emprunt embrasse, la larme à l'œil, sa fille improvisée, et va faire un tour à la cuisine. — Au bout d'un an, la jeune fille est *protégée* sur un assez bon pied, a plusieurs amants, des bijoux, des dettes, et mène une existence tout à fait décousue. La mère d'emprunt l'accompagne au théâtre pour les convenances, reçoit le soir les billets doux et les bouquets, et n'abandonne son élève bien-aimée que lorsqu'elle commence à perdre un peu de sa fraîcheur et à n'être plus aussi courue par

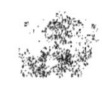

les Crésus de l'avant-scène. Elle cherche alors
une autre éducation à faire.

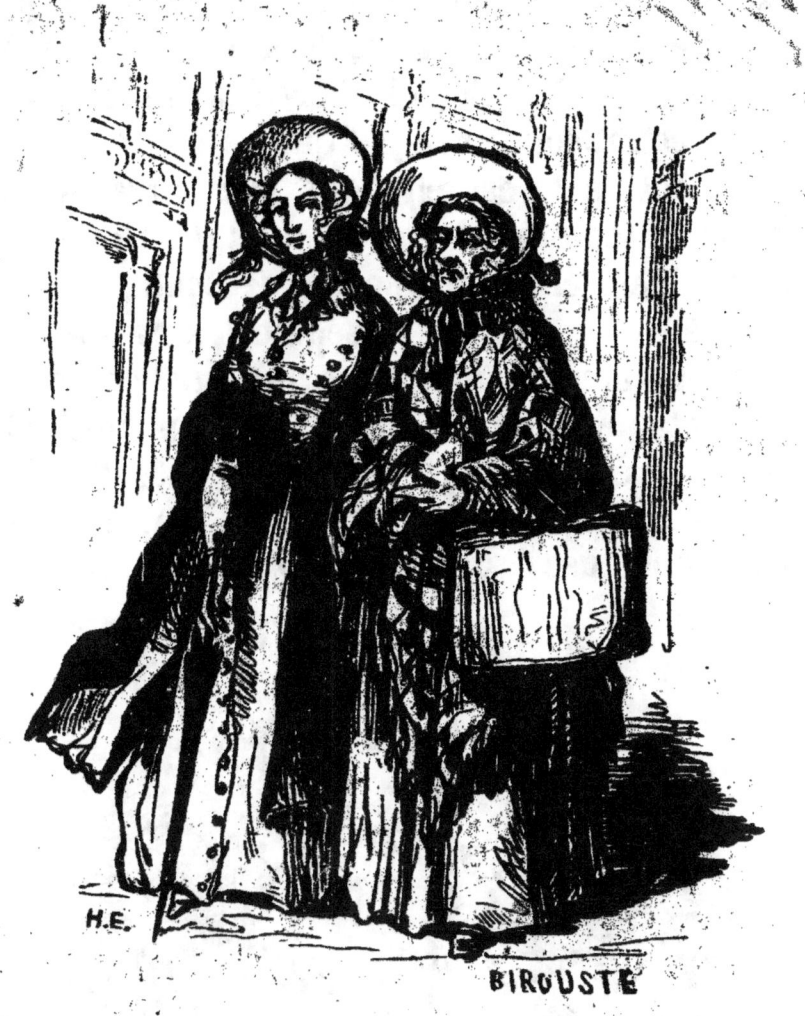

De l'existence de la mère d'emprunt n'allez
pas conclure que la mère d'actrice, la véritable mère, la mère-mère, si je puis m'expri-

mer ainsi, ne soit qu'un mythe, une création
vaporeuse de l'imagination des poëtes. Elle
existe aussi. Seulement elle est beaucoup plus
ennuyeuse et plus assommante que la mère
d'emprunt. C'est elle qui cherche dispute au chef
d'orchestre, sous prétexte qu'il a mal accompagné sa fille ; c'est elle qui veut arracher les
yeux au souffleur, parce qu'il *l'a laissée en
plan*; c'est elle qui appelle *gringalet* l'auteur
dans la pièce duquel sa Léonie n'a pas de rôle.
Certainement la maternité est une chose fort
respectable partout, mais fort insupportable
au théâtre. Demandez plutôt au chef d'orchestre, au souffleur, au directeur, aux auteurs,
aux habilleuses, à tout le monde enfin.

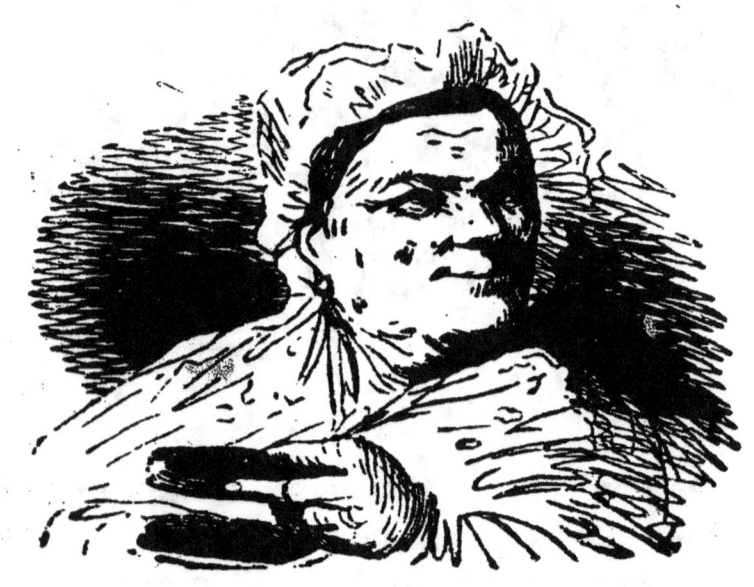

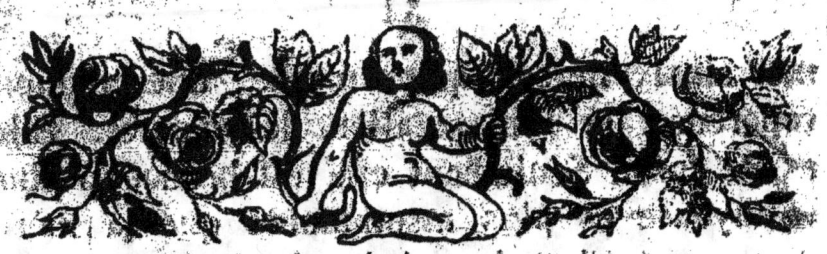

VIII

LA GRANDE UTILITÉ.

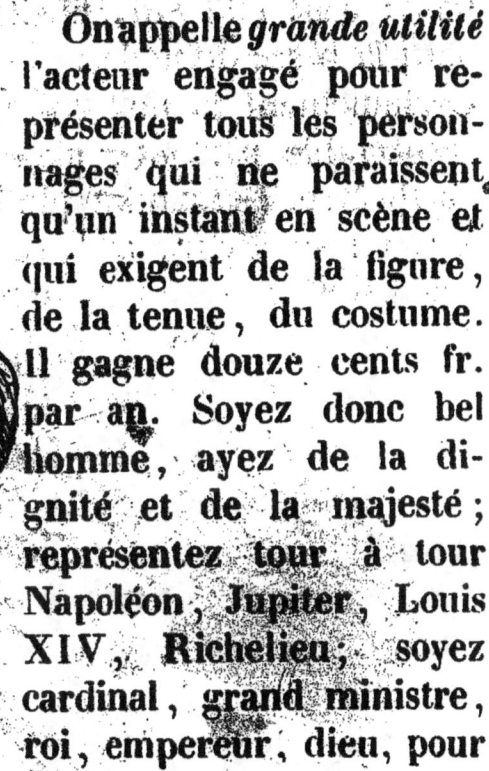

On appelle *grande utilité* l'acteur engagé pour représenter tous les personnages qui ne paraissent qu'un instant en scène et qui exigent de la figure, de la tenue, du costume. Il gagne douze cents fr. par an. Soyez donc bel homme, ayez de la dignité et de la majesté; représentez tour à tour Napoléon, Jupiter, Louis XIV, Richelieu; soyez cardinal, grand ministre, roi, empereur, dieu, pour arriver à gagner douze cents francs par an — cent francs par mois — trois francs et quelques centimes par jour! O vanité des choses humaines!

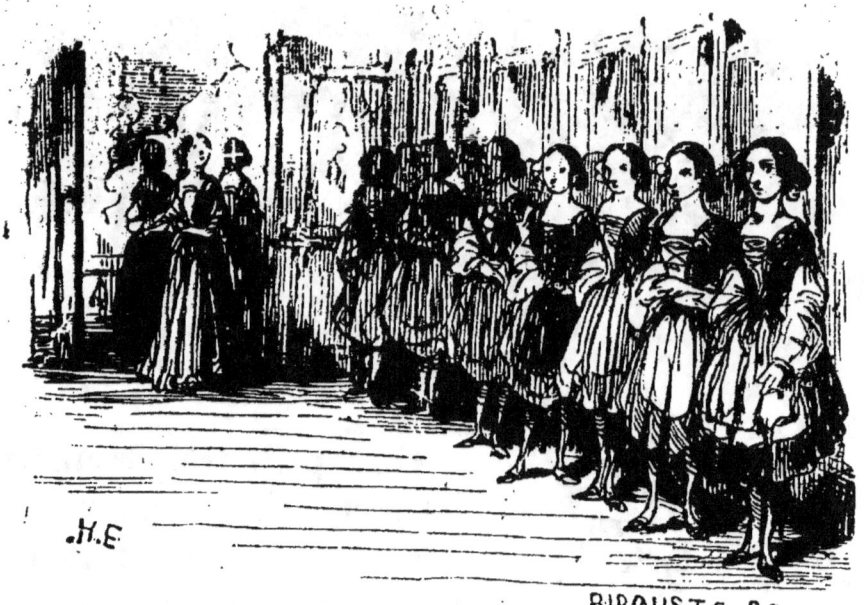

.H.E

BIROUSTE. SC.

IX.

LA FIGURANTE ET LE FIGURANT.

Le figurant est un honnête citoyen, père de famille, cordonnier, fabricant de boutons, tailleur ou serpent de paroisse, qui regarde le théâtre comme un accessoire et qui l'exploite en ouvrier.

La figurante est une jeune fille passionnée et sentimentale, qui s'est jetée sur la scène pour s'y faire un avenir, et qui comprend toute la poésie de sa profession.

Aussi n'existe-t-il presque point de rela-

5

tions d'amitié, ou même de simple politesse
entre le figurant et la figurante. Ils se mépri-
sent mutuellement; l'une a trop d'indépen-
dance dans le caractère, et l'autre a trop de
vertu civique pour qu'ils puissent s'estimer et
se comprendre.

La figurante a toujours un nom qui finit en *a*,
Paméla, Lélia, Paula ou Lisa. Vous la reconnaîtrez facilement au châle vert-boiteux-sale
qui couvre ses épaules, à son soulier traî-
nant, à sa robe lâchée, à sa main qui dédaigne
toute espèce de gant : c'est le rapin femelle du
théâtre. La négligence de sa toilette tient d'a-
bord à la nécessité qu'elle subit de changer plusieurs fois de costume dans la même soirée : à
force de quitter sa robe, elle oublie de l'attacher;
ensuite la figurante n'a pas l'esprit calculateur de telle et telle de ces dames qui jouent de
petits emplois. Elle n'a pas encore trouvé
le secret de *la Lisette* de Béranger : personne
ne lui paye sa toilette. Elle est, nous vous l'a-
vons dit, sentimentale et passionnée; elle jette
son amour au vent : tantôt son Werther est un
acteur, tantôt un petit journaliste, tantôt un
étudiant en droit, tantôt un sous-lieutenant de
dragons. Et que lui faut-il pour la satisfaire,
elle, la pauvre fille? Eh! mon Dieu!... une partie au bois de Romainville, un dîner sur l'herbe,

un bouquet de lilas et le retour en citadine. Elle n'en demande pas davantage... elle n'a pas eu le temps d'oublier qu'hier encore elle était grisette. Ne cherchez donc chez elle ni falbalas, ni bijoux, ni chapeau à plumes, ni rentes sur l'État. Prenez-la telle qu'elle est, la chère fille!.. Et croyez-moi, elle vaut plus que bien d'autres qui autrefois ont valu autant qu'elle.

Depuis dix heures du matin jusqu'à onze heures du soir, la figurante est au théâtre : les répétitions et le spectacle ne lui laissent pas un moment de répit. Elle est de toutes les pièces ; pour elle pas d'indisposition, pas de relâche. Quel temps trouve-t-elle donc pour faire ses parties de Montmorency et aller cueillir des bouquets de lilas? Eh bien! les jours de parties, elle manque à son devoir, suivant l'expression du régisseur, et elle se laisse mettre à l'amende. Com... e les amendes sont de deux francs et qu'elle ne gagne que quinze sous par jour, il arrive souvent qu'à la fin du mois elle n'a rien à toucher à la caisse, et qu'elle lui doit même quelque chose. N'importe... elle ne renonce point pour cela à ses excursions champêtres avec son amant du jour. -- Dites... n'est-ce point là du véritable désintéressement?

La figurante donne aussi des rendez-vous pendant le temps qui sépare les répétitions du spectacle. Comme M. Léon ne sort de son bureau, ou de son magasin, qu'à quatre heures, la figurante, ne sachant comment l'avertir, écrit sur la porte de sa mansarde avec de la craie l'indication de l'heure et du lieu. Exemple :

« *Ge ceré à cattre eur ai dmi ô paçaje de l'Auppaira. Ni menke pa.* »

Ou bien :

« *Léon me trouvaira dever le schato do aprai la raipaithision.* »

Et le lendemain ces mots disparaissent pour faire place à la suite de la correspondance.

La figurante est bien jeune encore ; mais ses traits sont déjà fatigués, son teint est pâle et morbide. La fraîcheur passe vite sous le fard, au milieu de cette atmosphère chaude du théâtre, à la fumée de la rampe et du lustre.

La figurante est coquette ; elle sait tirer excellent parti des costumes de pacotille que lui fournit tous les soirs l'administration. Lorsque, après avoir jeté un coup d'œil dans la glace du foyer, elle est contente de sa tenue, elle cherche devant le public à se séparer de la troupe de ses compagnes, et s'avance autant qu'elle peut sur le bord de la scène. Elle espère que sa bonne tournure sera remarquée du directeur et des auteurs, et que l'on songera enfin à lui confier un petit rôle dans l'un des ouvrages en répétition.

Un rôle, tel est l'objet de tous ses vœux ! Quand on a joué un rôle, on ne fait plus partie de *la grosse cavalerie*, et l'on a ses entrées dans le foyer des acteurs.

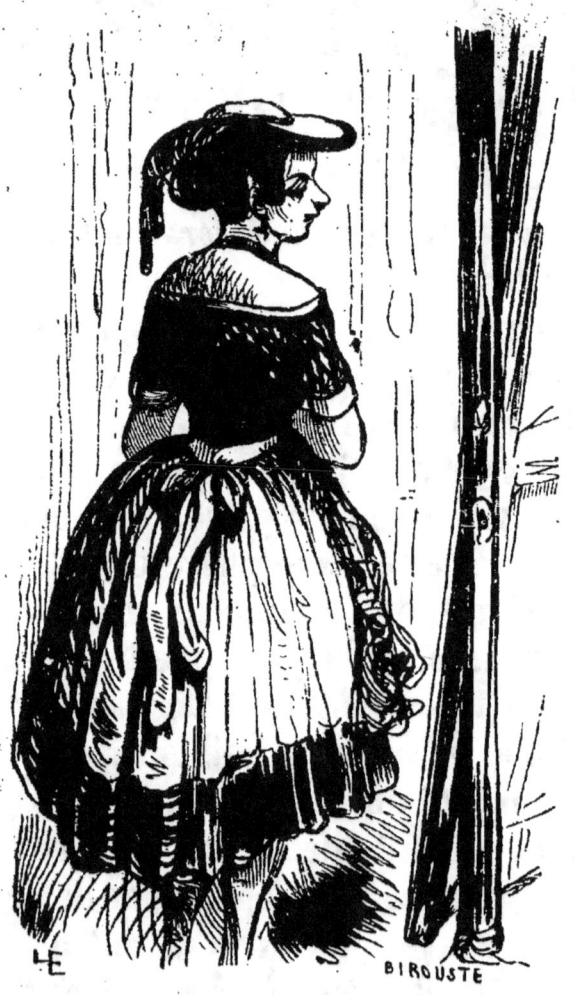

Nez rouge, mains idem, chemise problématique, bottes grimacières, redingote ex-noire, pantalon à pièces de rapport et à dentelures par le bas : tel est le figurant à la ville, et trop souvent, hélas ! au théâtre.

Le figurant n'est beau sur la scène que lorsqu'il représente un personnage pour lequel l'administration l'a habillé de pied en cap, y compris la chaussure ; car la chaussure est la

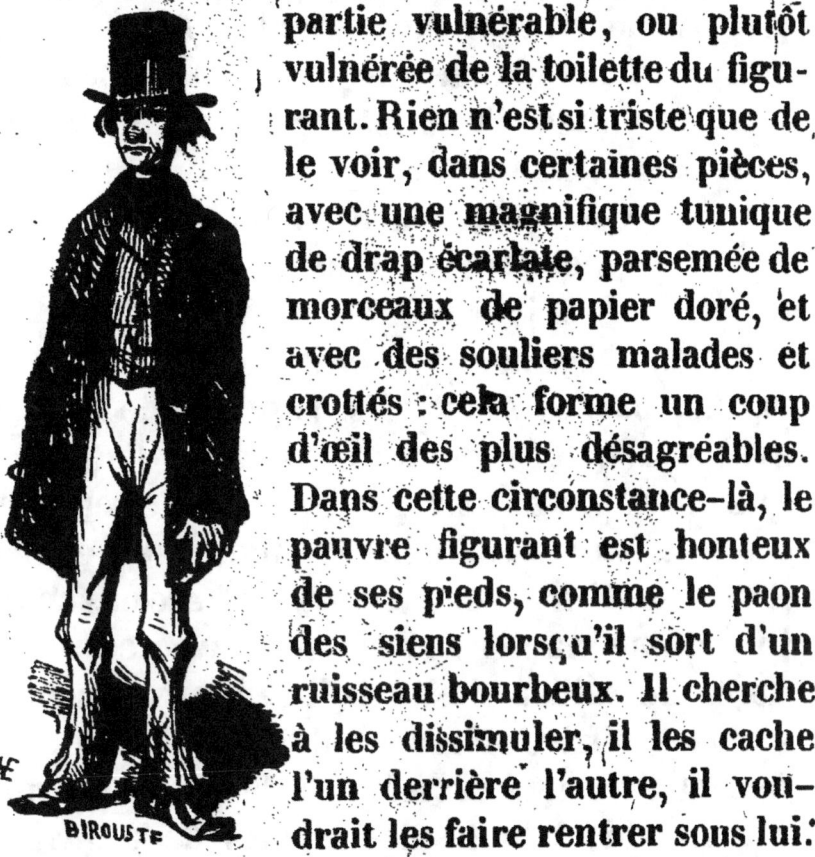

BIROUSTE

partie vulnérable, ou plutôt vulnérée de la toilette du figurant. Rien n'est si triste que de le voir, dans certaines pièces, avec une magnifique tunique de drap écarlate, parsemée de morceaux de papier doré, et avec des souliers malades et crottés : cela forme un coup d'œil des plus désagréables. Dans cette circonstance-là, le pauvre figurant est honteux de ses pieds, comme le paon des siens lorsqu'il sort d'un ruisseau bourbeux. Il cherche à les dissimuler, il les cache l'un derrière l'autre, il voudrait les faire rentrer sous lui. Mais aussi qu'il est heureux lorsque la direction lui fournit des souliers à la poulaine, ou des bottes à l'écuyère ! Comme alors il risque des pas larges ! comme il se pavane orgueilleusement ! comme il fait honneur à la chaussure administrative ! On a vu même des figurants pousser alors la joie si loin, que le soir après le spectacle ils oubliaient d'ôter les souliers à la poulaine et les bottes à l'écuyère, et qu'ils s'en servaient le lendemain pour marcher sur l⁻ vil pavé de la ville. O fanatisme de l'art !

Lorsqu'au Vaudeville ou au Gymnase, je vois, au milieu d'une fête brillante, arriver les conviés qui chantent :

Quel jour heureux !
Quel heureux jour !
Quel jour heureux !
Quel heureux jour !

et que, parmi ces conviés, j'aperçois le figurant avec son habit écourté, sa cravate d'un blanc sale et ses gants vert-pomme, je me sens saisi d'une tristesse indicible. L'infortuné ! comme il doit souffrir, sachant que son accoutrement jure d'une manière si horrible avec ces salons dorés au milieu desquels il se trouve ! comme il doit souffrir, obligé qu'il est de feindre la joie et l'épanouissement du luxe, tandis qu'il est en proie à toutes les réalités de la misère ! Connaissez-vous un plus grand supplice que celui-là ?

O figurant ! c'est en vain que tu as fait des efforts inimaginables pour dissimuler ton malheur et pour pouvoir marcher de pair sur ce tapis à rosaces avec un Lafond, un Taïgny, un Fradelle, à la toilette si élégante ; c'est en vain que ta main ingénieuse a pratiqué de savantes reprises sur tes bas de soie qui datent de dix ans, et frotté d'une épaisse couche de blanc d'Espagne cette partie de ta chemise qui doit s'étendre à découvert sur ta maigre poitrine ; c'est en vain que, pour donner à ton pantalon un air plus gaillard, tu l'as forcé à se soumettre à la tyrannie d'un sous-pied étroit qui le tiraille et le tourmente ; c'est en vain que tes boutons ont reçu une couche épaisse d'encre, et que ton chapeau a subi une légère couche d'eau fraîche... Hélas ! mon pauvre ami, tes quinze sous par jour éclatent par tous les pores de ta défroque théâtrale ; ils crient ta débine, ils demandent grâce pour toi. On te fait grâce, pauvre ami ! on compatit même à tes maux ! tu n'as donc pas besoin de secouer ainsi la tête comme un cheval fraîchement harnaché ! tu n'as pas besoin de faire le beau, et de te donner tant de peine pour paraître ce que tu n'es pas : tu ne saurais faire illusion. Reprens donc ton allure modeste et humble, l'allure d'un chétif laquais de Melpomène. Le public, en te voyant, ne te prendra jamais pour un dandy !

Et maintenant, ô figurant, adieu! Je souhaite que tu aies assez de courage pour supporter jusqu'à la fin les rebuffades des premiers sujets, les brutalités du régisseur, les dédains de tes compagnes, les figurantes, — et je forme des vœux bien sincères pour qu'au bout de ta carrière dramatique, tu parviennes à mettre quelques billets de mille francs de côté, grâce à ton état de cordonnier en vieux ou de débitant d'allumettes chimiques allemandes.

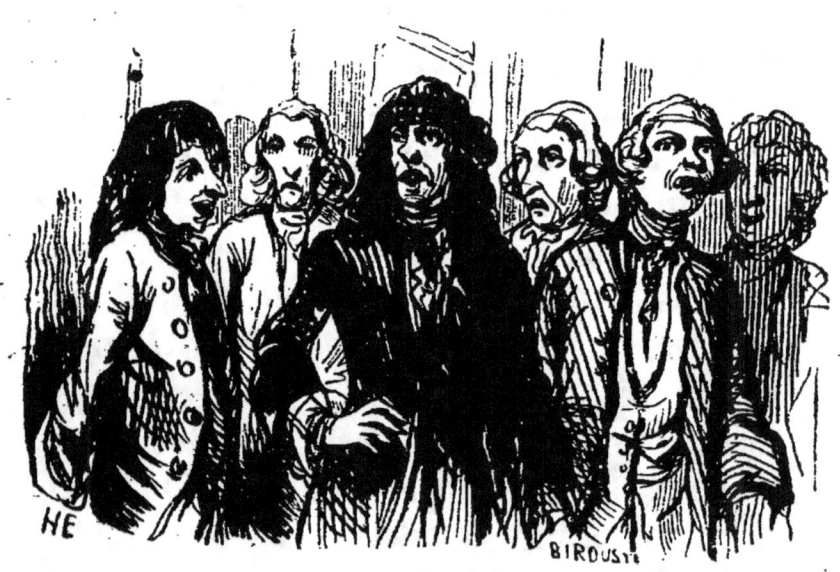

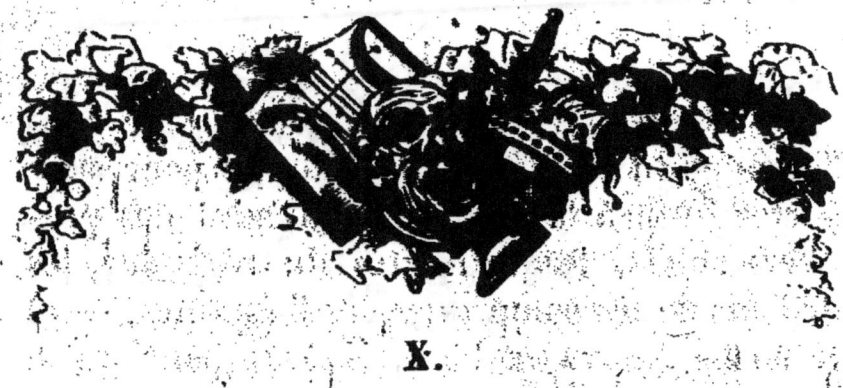

X.

DE QUELQUES FIGURES DE SECOND PLAN.

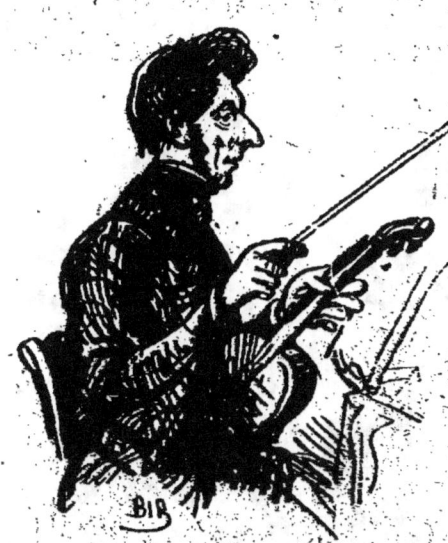

Cet homme, jeune encore, à la tournure élégante, aux cheveux bouclés, qui court çà et là, faisant des compliments aux dames et balançant la tête, comme s'il battait la mesure, c'est le chef d'orchestre. Il jouit d'une assez grande considération. Comme il est un peu compositeur et qu'il donne de la musique pour les pièces nouvelles, on lui fait la cour afin d'obtenir un joli air dans son rôle. C'est lui qui tient le sceptre de l'orchestre, et qui est chargé d'y fair régner la discipline la plus exacte. — Le chef d'orchestre a un second, pauvre martyr, qu'il installe à sa place toutes les fois qu'il y a peu de monde dans la salle, ou qu'un ouvrage a atteint sa trentième représentation ; mais, lorsqu'il y a foule, lorsque surtout les loges sont garnies de jeunes et jolies femmes, notre Amphion est là ; il étale toutes ses grâces devant son pupitre, et fait belle main avec son archet.

Vous allez me demander peut-être ce que sont ces deux individus qui viennent d'entrer, bras dessus, bras dessous, au foyer, et dont l'un se frotte les mains, tandis que l'autre se frotte l'oreille. On s'est emparé d'eux, on leur 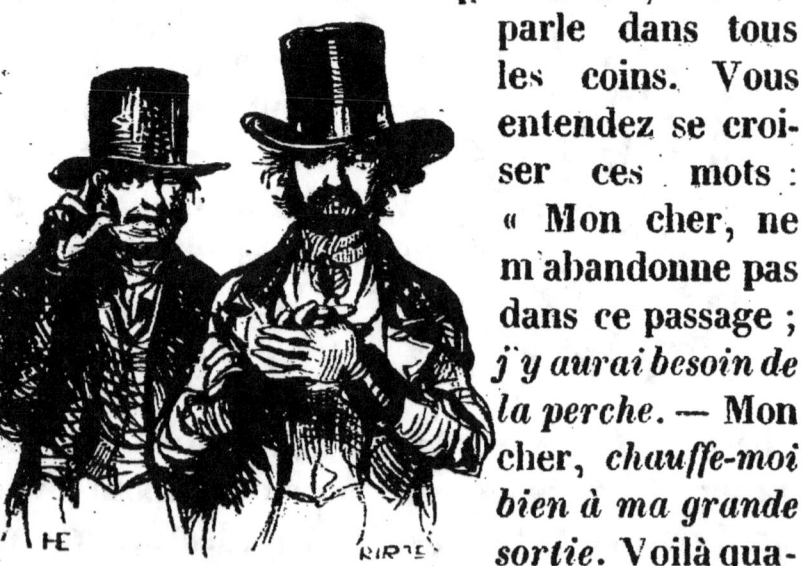 parle dans tous les coins. Vous entendez se croiser ces mots : « Mon cher, ne m'abandonne pas dans ce passage ; *j'y aurai besoin de la perche.* — Mon cher, *chauffe-moi bien à ma grande sortie.* Voilà quatre places pour demain ; je viens de les demander à ton intention. »

Ces individus sont le chef de claque et le souffleur : deux grandes puissances, je vous jure.

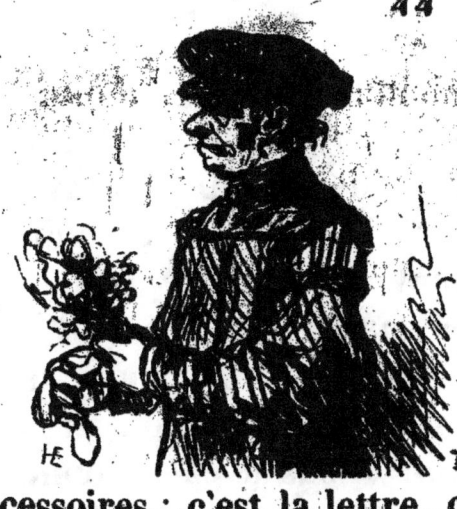

Gare ! gare ! voilà le garçon d'accessoires qui passe..., et il est toujours pressé, lui.

Le garçon d'accessoires est chargé de tous les menus détails de la boutique dramatique. Les accessoires : c'est la lettre, c'est le louis d'or en cuivre, c'est la bourse, c'est le bouquet, qui doivent figurer dans la pièce. Au moment où l'acteur va entrer en scène, il faut que le garçon d'accessoires lui remette l'objet dont il a besoin. Il sait par cœur la bimbeloterie de tous les ouvrages du répertoire.

Si vous voulez avoir des détails curieux sur la toilette de ces dames, adressez-vous à cette femme entre deux âges, qui passe discrètement à côté de vous, et qui tient à la fois, pour la tournure, de la femme de chambre et de l'ouvreuse de loges : c'est une *habilleuse*. Elle vous dira comment mademoiselle Julia est faite, si madame Pau-

lette porte un tricot, et si les appas de mademoiselle Zéphyrine appartiennent à elle ou à
son corset. Au besoin même, elle se chargera
d'un billet doux pour la sylphide à laquelle
vos soupirs s'adressent. Vous voyez bien qu'il
est bon de faire sa connaissance.

Enfin n'oublions pas ce soldat galant, leste
et bien tourné, qui est placé en faction derrière
le manteau d'arlequin. Vous avez reconnu le
pompier. Dans les coulisses d'un théâtre, le
pompier affecte un air grave. On dirait qu'il
sent qu'un intérêt considérable est confié à sa
vigilance : — le salut de toute cette vaste machine dramatique. Cependant de temps à autre
le dieu redevient homme. Saint Antoine a bien
été sur le point de faillir! Lorsque quelque figurante au gentil corsage et au minois piquant
passe devant lui en le serrant de près au mur,
le pompier, malgré toute sa sagesse, ne peut
s'empêcher de lui adresser un mot flatteur, et
souvent même de lui prendre la taille. Il se lie
tant qu'il peut avec le personnel des petits
théâtres du boulevard. Il dit : « Mon ami Debureau; » et, « Ce bon garçon d'Auriol. » Il
est particulièrement bien avec la mère d'actrice,
qui vient souvent s'asseoir à côté de lui pour
tailler de longues bavettes.

L'ouvreuse de loges a été figurante; elle a

eu ses beaux jours. Aujourd'hui elle est vieille
et ridée. Lorsque le temps, d'une main cruelle,
lui imprima deux pattes d'oie sur la physionomie, il fallut qu'elle cherchât à s'occuper pour
vivre, car elle n'avait pas mis à la caisse d'é-
pargnes, la pauvre chère femme ! Que pouvait-
elle faire? Devenir bonne d'enfants ou gouver-
nante d'un homme seul ! Mais à cette idée ses
cheveux se dressaient sur sa tête. Elle quitter
le théâtre ! le théâtre qui l'avait élevée, nourrie !
le théâtre qui avait vu le luxe et le brio de ses
plus chères années ! Non ! non ! le théâtre avait
été son berceau, il fallait qu'il fût sa tombe !
Elle s'arrangea pour ne pas sortir de sa patrie... seulement elle changea de place... Elle
abandonna les planches de la scène pour se
transporter dans les corridors de la salle ! Au
lieu de chanter en chœur :

Célébrons cet hyménée,
Célébrons cet hyménée !

elle offrit, d'une voix chevrotante, le petit banc
et le programme aux belles jeunes filles de
l'avant-scène. Enfin elle devint ouvreuse de
loges !

Les appointements de l'ouvreuse ne sont pas
bien gros, car ils se réduisent, je crois, à zéro ;
mais elle tire quelque bénéfice de la location
des petits bancs et de la vente de l'*Entr'acte*. Un

petit banc, quatre sous ; sur chaque journal, un sou : avec cela on n'amasse pas des rentes, mais on vivotte. — Comme il y a des positions d'ouvreuses qui sont plus productives les unes que les autres ; comme le poste des *premières* rapporte plus par exemple, et cela se conçoit facilement, que celui du *paradis*, on a, dans un esprit de justice et d'équité, soumis les ouvreuses à un roulement mensuel qui les fait participer toutes d'une manière égale aux produits généraux de la contribution indirecte du petit banc et du programme. Ainsi l'ouvreuse qui, du 1er au 30 avril, est à la porte des loges des secondes, du 1er au 31 mai monte aux quatrièmes et subit ainsi une sorte d'exil.

L'ouvreuse ressemble à plus d'un député et à plus d'un pair de France : elle cumule. Le matin elle fait des ménages ou ravaude des bas, le soir elle est tout au théâtre. Je connais même des ouvreuses qui sont, pendant la journée, loueuses de chaises dans certaines églises, et ce ne sont pas celles des habituées du lieu qui vivent en moins bonne intelligence avec les hommes de la sacristie, et dont la tenue est la moins exemplaire.

L'ouvreuse entretient des relations fort suivies avec la portière des coulisses et les habilleuses, et c'est par elle que les Lovelace de l'orchestre font souvent parvenir des bouquets et des invitations à souper aux rats de coulisse.

L'empire que le régisseur exerce dans l'intérieur du théâtre, le contrôleur en chef l'exerce dans la salle. C'est le roi de ce pays dont la population est si mobile, et il a pour aides de camp les inspecteurs de la salle et les *placeurs*. Son froncement de sourcil fait trembler les ouvreuses et les donneurs de contremarques. Mais il est particulièrement redouté par les pseudo-journalistes et les pseudo-auteurs, qui jouissent de leurs entrées d'une façon équivoque. C'est lui qui les arrête au passage, qui leur fait décliner leurs titres, et qui, bien souvent, les chasse du temple comme des parias. Cependant sa perspicacité est quelquefois mise en défaut. Ainsi un farceur entra longtemps au Vaudeville sous le nom de feu Wafflard, et un autre à l'Ambigu sous celui de Tivoli fils. Mais ce ne sont là que des exceptions, et le contrôleur en chef est un homme *emunctæ naris*.

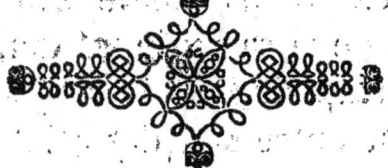

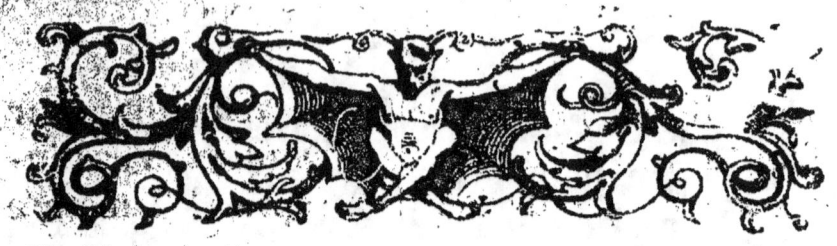

XI.

LE DIRECTEUR.

Première espèce : le directeur par passion.

M. Timothée est d'un tempérament amoureux ; il aime toutes les femmes, mais surtout les femmes de théâtre. Il fréquente beaucoup les stalles d'orchestre et les avant-scènes, et comme il est commis dans une maison de banque, qu'il ne jouit que d'un traitement de deux mille francs par an, qu'il n'est pas beau et qu'il n'a pas d'esprit, il est obligé de s'arrêter aux soupirs. Tout à coup il hérite de la fortune de l'un de ses oncles. Voilà Timothée

4

riche ! Il songe tout d'abord à devenir directeur
d'un théâtre ; il achète cette position. Vous ju-
gez de ce que devient l'entreprise ! Timothée
songe bien au public, au répertoire, aux acteurs de talent ! on jouera ce qu'on pourra, on
jouera ce qu'on voudra, on jouera devant les
banquettes ! mais à Timothée il faut des femmes ! Il ramasse sur le pavé de Paris toutes ces
lionnes qui écorchent la comédie de société à
Chantereine et sur la scène Chaptal. Son théâtre devient un sérail, une tabagie. On boit du
punch dans les loges, on fume dans les corridors ! la sultane favorite commande les pièces,
distribue les rôles, surveille les répétitions.
Tous les soirs soixante francs quatre-vingt-dix
centimes de recette ! Au bout de deux ans, Timothée est complétement ruiné, et en sa qualité d'honnête homme et d'homme très-laid, il
accepte une place de gabelou à Dunkerque ou à
Port-Vendres.

Deuxième espèce : — le directeur par amour-
propre :

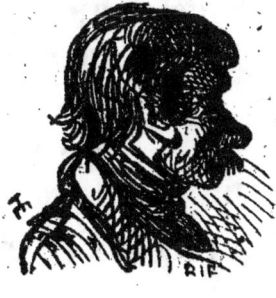

Thrasybule est un auteur de
septième ordre. Il n'a encore
été joué qu'aux Folies-Dramatiques et à l'Ambigu pour commencer le spectacle, et encore
ne l'a-t-il pas été autant qu'il

le voulait. Il cherche les moyens de satisfaire sa passion. Il rencontre un ami de collége, Pompée, qui est lancé dans les affaires, et s'associe avec lui pour prendre une direction. Dès ce moment l'affiche du théâtre ne porte que le nom de Thrasybule; toutes les pièces en répétition, toutes les pièces au tableau, toutes les pièces lues aux acteurs, toutes les pièces à lire sont de Thrasybule. Le public, qui n'aime par le Thrasybule, fuit à toutes jambes, le diable s'installe dans la caisse, la discorde vient se placer entre les directeurs. — L'orage éclate enfin. — Au bout de deux ans, Pompée et Thrasybule vont faire un tour à la prison pour dettes.

Troisième espèce : — le directeur industriel.

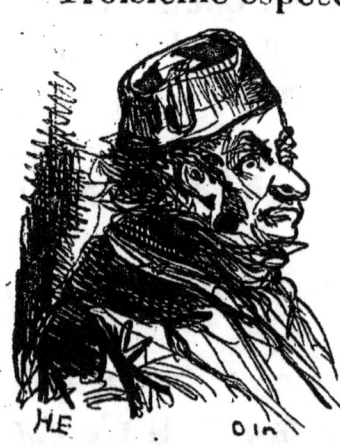

Le directeur industriel est de nouvelle création; il a été produit par la grande fièvre boursichipotière de 1838. C'est un homme qui a été tout et rien : fabricant de sucre de betterave et officier au service de don Pedro, aéronaute et marchand de bric-à-brac. Il se jette sur un théâtre! En un clin d'œil le théâtre est mis en actions, et les coupons se distribuent dans Paris. Ne parlez à notre homme ni de pièces à recevoir,

ni de pièces à monter, ni de public, ni de recette ! Baste ! c'est bien là son affaire. Il ne voit
que des actionnaires ; il est continuellement à
la piste des moyens d'écorcher ses actionnaires
sans les faire crier. Quand il a bien fait son
magot, il se retire et va vivre en rentier sur les
bords de la Saône ou de la Loire. Il lui arrive
aussi quelquefois d'être pris la main dans le
sac , et d'être obligé d'aller se faire pendre
ailleurs !

Quatrième espèce : — le directeur par spéculation et par goût, ou le directeur habile.

Cléon est un ancien comédien ou un auteur
qui a vieilli dans le métier. Il connaît tous les
ressorts de la machine dramatique, et sait sur
le bout du doigt ce qu'il faît faire pour attirer
les spectateurs dans une salle. Il peut se trom-
per quelquefois, il peut n'être point favorisé
par le hasard qui a plus de part qu'on ne croit
aux affaires théâtrales comme à toutes les
autres; mais il ne s'égarera jamais en connaissance de cause, et dès qu'il s'apercevra de
sa faute, il se hâtera de rentrer dans le bon
chemin.

Levé dès le petit jour, il écoute les auteurs
qui viennent lui communiquer des idées, lui
apporter de nouveaux ouvrages. Il discute avec
eux et ne les laisse jamais partir sans leur

donner quelques bons conseils en cas de réception, ou de très-bonnes raisons en cas de refus. Il lit ensuite les manuscrits qui lui ont été confiés la veille, et lorsque dans l'un d'entre eux il découvre quelque bonne conception, il ne dédaigne pas d'en profiter, de lancer un commençant dans la carrière, et de lui assurer la collaboration d'une main plus exercée.

Il ne manque pas une seule répétition; il indique les effets de scène, il place les acteurs, il ordonne les coupures, il fait les corrections sur scène, et il n'est pas un auteur qui ne se félicite de sa coopération éclairée.

Le soir, après avoir donné partout le coup d'œil du maître, il rédige habilement l'affiche du lendemain, consultant le jour, la composition du public, le temps probable, les circonstances.

Entré au théâtre le premier, il en sort le dernier

Mais ce n'est là que la partie pour ainsi dire matérielle de son œuvre! Combien de tact et de diplomatie ne lui faut-il pas pour concilier les amours-propres, adoucir les haines, empêcher les indispositions, humilier sans offenser, louer sans enorgueillir, faire accepter de mauvais rôles, en montrer de bons dans l'avenir, parlementer, menacer, promettre!

Vraiment, à t tes les qualités qui sont in-
dispensables pou aire un bon directeur, on est
étonné qu'il s'en t uve encore deux ou trois
dans Paris. Commen ne les a-t-on pas déjà
pressés pour en faire de ministres ?

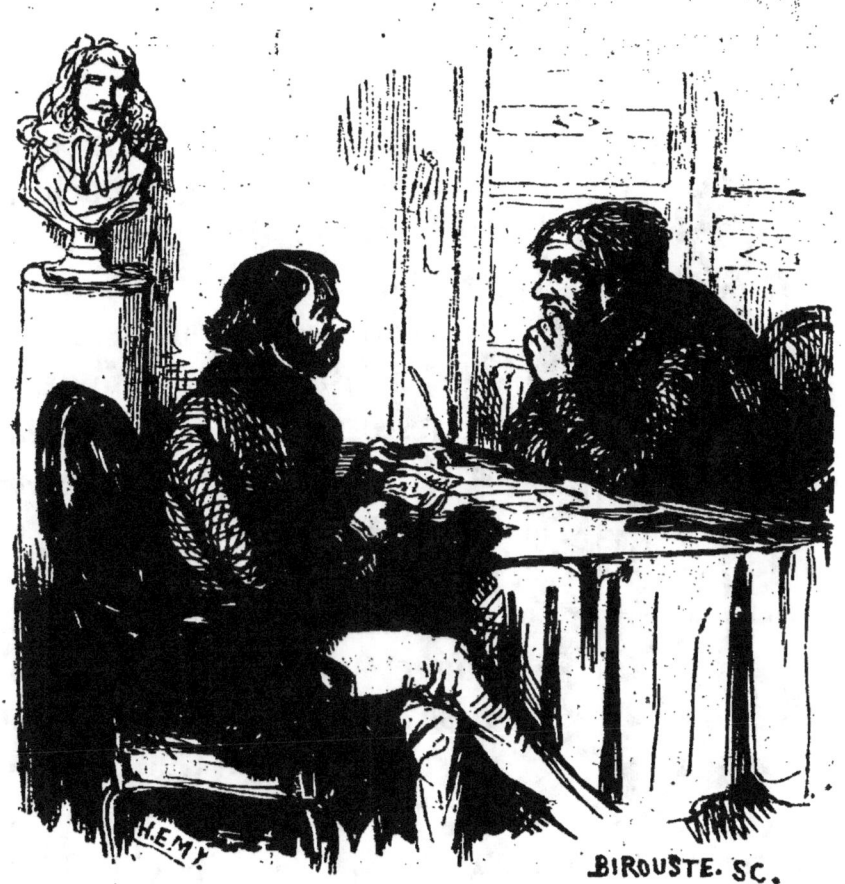

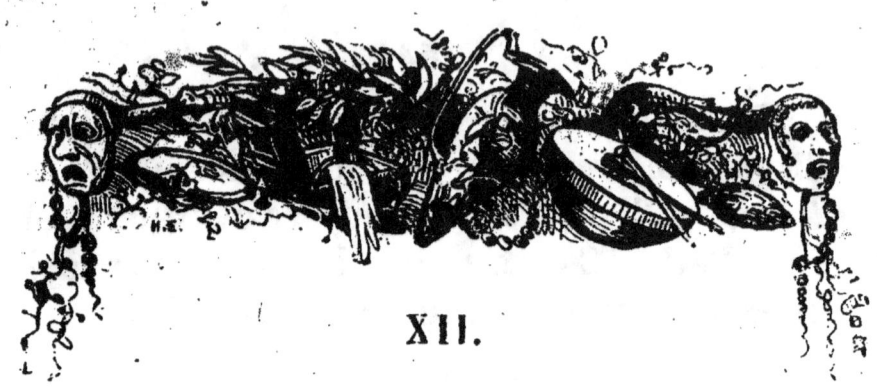

XII.

LE RÉGISSEUR.

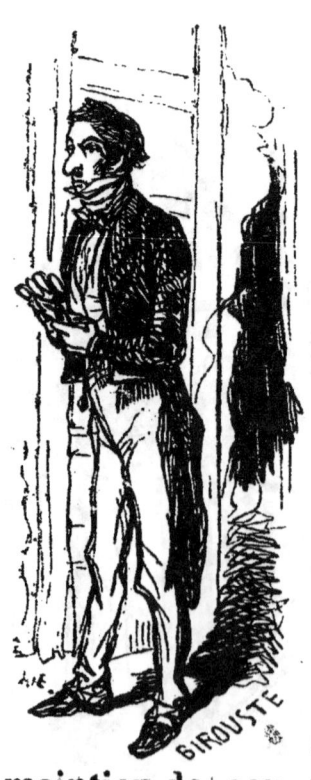

Le régisseur est le moteur secondaire de la machine théâtrale, la doublure du directeur.

Tandis que son chef de file, suffisamment orné de sa majesté morale, est au théâtre comme chez lui, c'est-à-dire en robe de chambre et en pantoufles, le régisseur porte une perruque, un habit noir et une cravate blanche. Il se mouche dans la soie et prise dans l'or. Cette tenue soignée est indispensable au maintien de son autorité. Il faut que la colère du premier sujet mis à l'amende s'arrête devant la dignité du linge blanc et devant l'auguste éclat de l'elbeuf. Il faut que le figurant qui

vient de faire un tour à la cantine se dégrise à
la seule vue des splendeurs de son tyran. Il faut
enfin que le régisseur soit prêt à tout instant à
paraître devant le public et à solliciter son in-
dulgence pour les rhumes, indispositions et
changements de spectacle.

C'est le régisseur qui crie : *Place au théâtre!*
qui frappe les trois coups pour avertir l'orchestre, et qui commande le *au rideau!* si terrible à
l'oreille du débutant.

Le régisseur règne dans les coulisses. Il im-
pose silence, il gourmande, il gronde comme le
tonnerre. D'un œil rapide il parcourt son empire
et cherche s'il n'y voit pas quelque figure étran-
gère, quelque intrus qui ne jouisse pas légale-
ment de ses entrées. Aperçoit-il un Philistin
dans Jérusalem, il l'aborde avec indignation et
le fait sortir du sanctuaire. Oh! comme le commis marchand, qui par la protection du neveu
du costumier en chef est parvenu à entrer dans
les coulisses avec un paquet sous le bras,
comme le commis marchand redoute le régisseur! Il l'évite, il le fuit, il croit toujours le sentir sur ses talons.

Le régisseur a la clef du trésor des traditions. Il dit au premier rôle : « Talma marchait
ainsi : » à la jeune première : « Mademoiselle
Contat se posait ainsi. » Il a dans sa mémoire

des exemples pour toutes les nuances de l'action dramatique.

Aussi sa parole est-elle un oracle pour toute la troupe. On l'entoure, on l'écoute, on le consulte. L'actrice chargée d'un rôle nouveau va le répéter avec lui.

Et il n'en est pas plus fier pour cela, le brave homme !

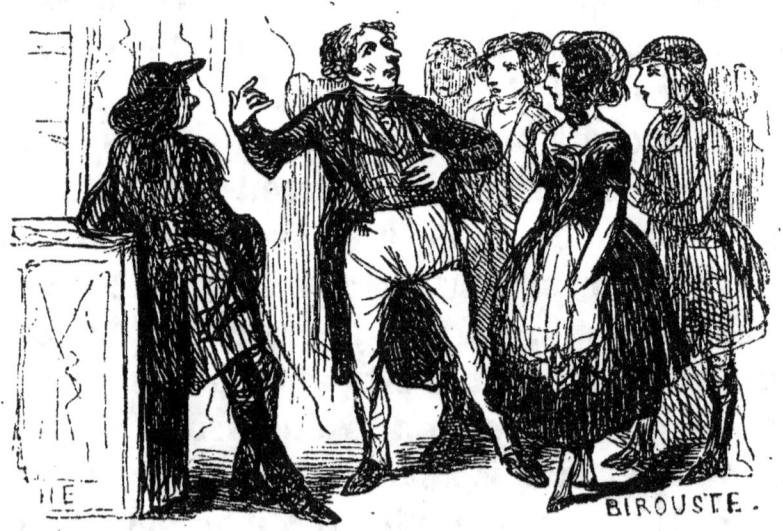

BIROUSTE.

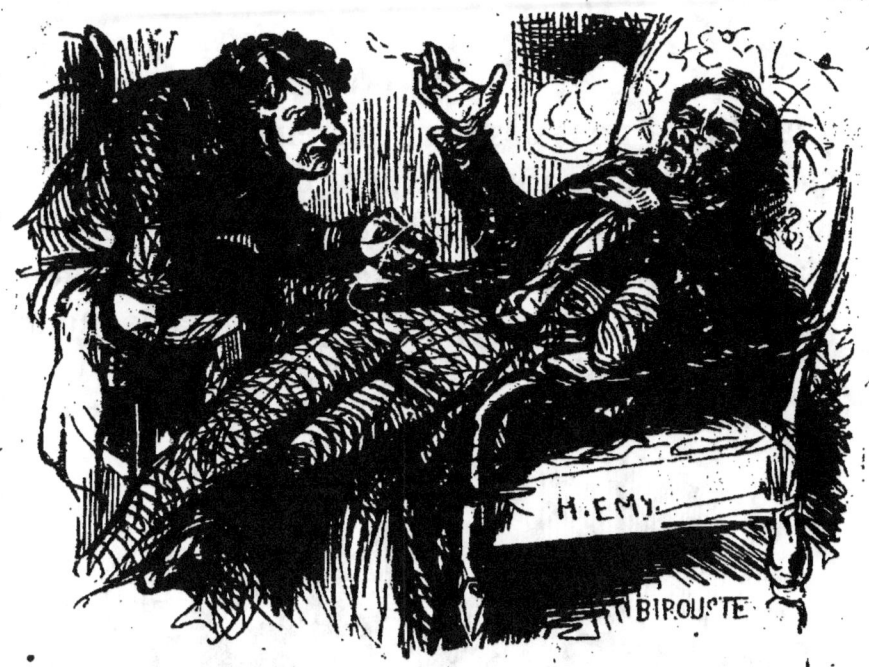

XIII.

LES AUTEURS.

Il y a l'auteur qui a cinquante mille livres de rente, auquel le directeur va demander des pièces, qui fait ses conditions, pour lequel on réserve les meilleurs acteurs et qui, outre ses droits et ses billets, touche une prime sous le nom de *lever de rideau*.

Il y a l'auteur médiocre qui travaille comme un nègre et tourmente sans cesse le directeur pour se faire jouer.

Enfin il y a l'auteur qui ne peut travailler sans collaborateur. Ce collaborateur, il le prend,

quand il ne peut pas faire autrement, parmi les
clercs d'huissier qui débutent dans le flonflon ;
mais sa grande ambition est d'arriver à travailler avec un auteur bien posé , bien nanti, bien
pansé. Il n'y a pas d'efforts qu'il ne fasse pour
atteindre ce but.

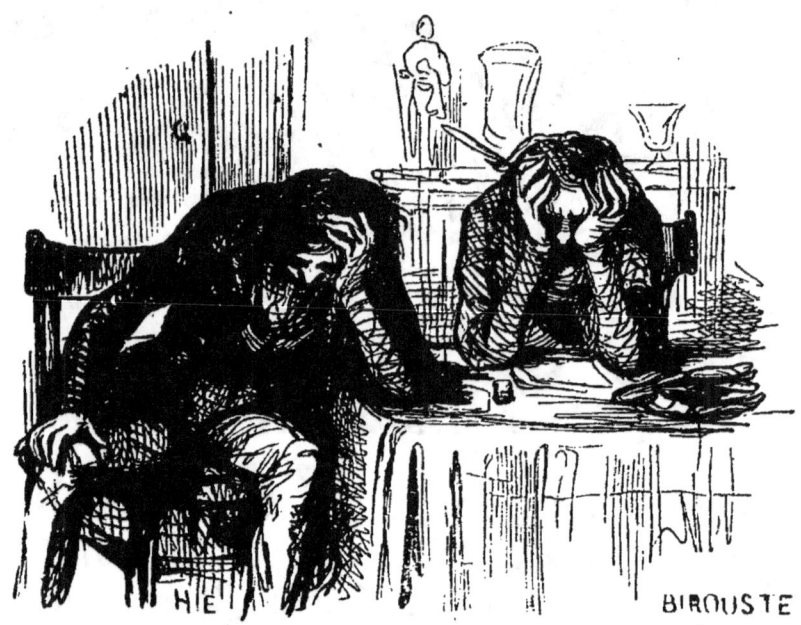

Vōici un exemple :

Benoît était l'un de ces auteurs de peu d'ortho-
graphe qui ont besoin de se compléter. Longtemps il végéta sur le boulevard du Temple. Enfin un beau jour il comprit qu'il n'était pas sur
le chemin de la fortune Il chercha un collaborateur; mais, en homme habile, il ne voulut pas
se donner l'un de ces copins vulgaires avec les-

quels on est réduit à patauger dans les boues du mélodrame et du vaudeville de rebut. Non.... il porta ses regards plus haut. Il jeta son dévolu sur un coupletier de premier choix que nous appellerons Jacquinet.

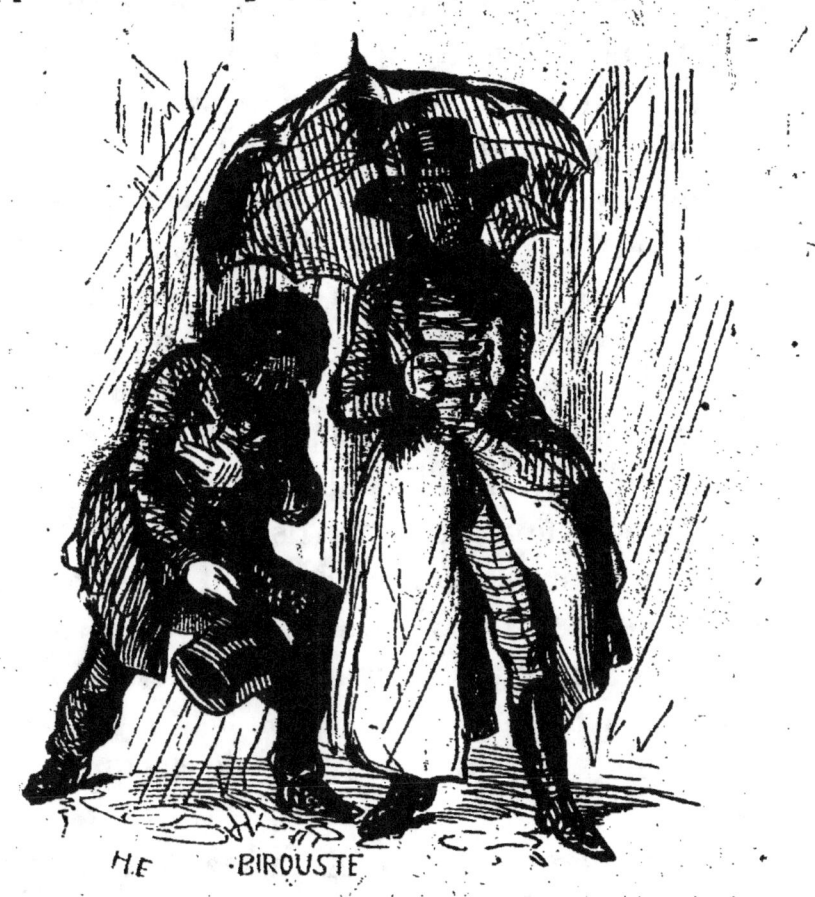

H.E   BIROUSTE

Toutes les fois que Benoît rencontrait Jacquinet dans la rue, il le suivait en disant: «Colosse, va! grand homme, va! obélisque, va! Napoléon de la littérature! monument! symptôme! date!

mystère !.... s'il ne pleuvait pas si fort, je baiserais la poussière de tes pieds. »

Toutes les fois que l'on jouait une pièce nouvelle de Jacquinet, Benoît, assis aux premières loges, applaudissait de manière à faire honte aux claqueurs, et s'écriait avec enthousiasme : « C'est magnifique ! c'est sublime ! c'est beau comme l'antique ! O bravi ! ô brava ! ô bravo ! Oh ! oh ! oh ! l'auteur ! l'auteur ! »

Benoît colportait les louanges de Jacquinet dans tous les cafés, dans tous les foyers de théâtre, dans toutes les réunions musicales et gastronomiques, dans tous les passages, dans tous les carrefours : il fit plus : Jacquinet était un original qui s'habillait d'une façon fort excentrique.... il s'habilla comme Jacquinet... même chapeau à larges bords, même redingote à brandebourgs, même pantalon gris collant, mêmes bottes à la Verther... Si bien que les figurantes s'arrêtaient dans la rue devant Benoît et murmuraient :

« Tiens..... voilà le singe de Jacquinet qui passe. »

Enfin Benoît crut avoir assez fait pour être remarqué de Jacquinet. Un jour donc qu'il le trouva derrière le rideau de fond d'un théâtre, il se jeta à ses pieds et lui dit en versant des larmes :

« O génie extraordinaire, je t'a....e ! Je t'ai
voué un culte ! tu as un autel dans mon cœur !
mais ce n'est point assez pour ma félicité ! ...
Oh ! permets-moi de te voir tous les jours, de
t'approcher tous les jours, de recueillir tous les
jours les paroles divines qui tomberont de tes
lèvres ! Admets-moi dans ton intérieur... Et
pour payer cette faveur immense, je me sou-
mettrai aux offices les plus dégradants ! je serai
ton groom, ton esclave, ta chose ! je cirerai tes
bottes. Hein ? »

Jacquinet, chatouillé dans son amour-propre,
exauça le vœu de Benoît.

Pendant un an Benoît cira les bottes de Jacquinet.

Puis à force de zèle, de flatteries et de cirage
anglais, il parvint à être promu à la dignité de
copiste des manuscrits de Jacquinet.

Un jour il lui fit remarquer que dans un
couplet il avait placé une virgule à contre-sens
et qu'il avait écrit *hasard* par un *z*, contre l'opinion de M. de Voltaire. Les deux observations
furent reconnues bonnes par Jacquinet. Le
soir de la première représentation, Benoît
fit valoir timidement ses droits au titre de co-
auteur, et Jacquinet, qui était content de lui,
permit que son nom figurât sur l'affiche à côté
du sien.

Aujourd'hui, la collaboration de Jacquinet et de Benoît est en pleine activité.

Benoît lit les ouvrages aux directeurs, surveille les répétitions, met des bûches dans le feu pendant que Jacquinet travaille, verse du champagne dans son verre, et l'excite de temps en temps par ces mots : « Allons ! allons donc, mon cher… un peu de courage.

C'est lui qui disait l'autre jour : « Jacquinet, fais-moi donc une pièce pour moi tout seul. »

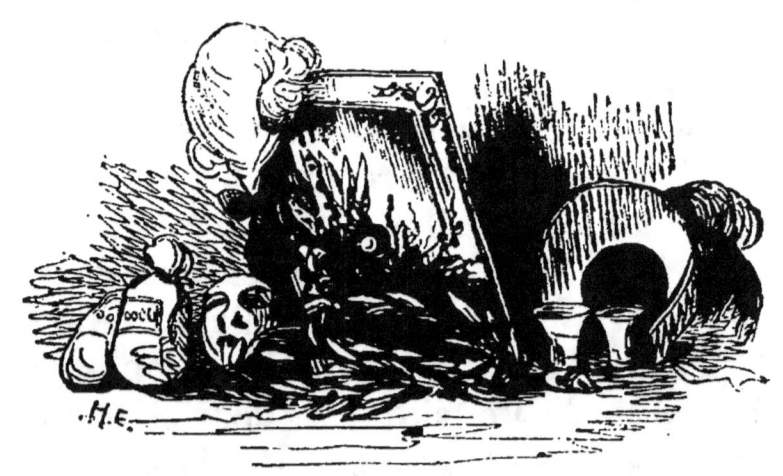

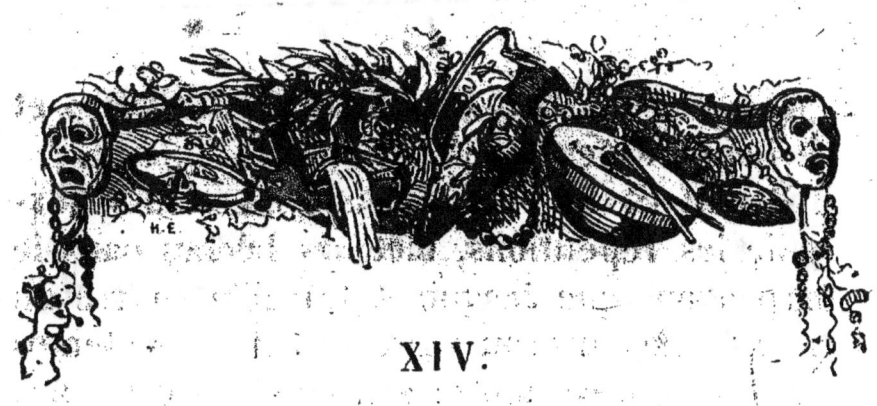

XIV.

ENCORE QUELQUES FIGURES DE SECOND PLAN.

Quand un médecin a quelque fortune et peu de clientèle, c'est-à-dire quand il a beaucoup de temps à dépenser, il recherche la position de médecin de théâtre. Il ne touche point d'appointements, mais il peut venir passer toutes ses soirées au foyer. Sa besogne n'est pas bien rude, constater de temps en temps l'indisposition d'un artiste, faire un rapport au directeur, donner des consultations gratuites aux figurants et aux machinistes, voilà tout. Il est un cas où le médecin éprouve un grand embarras, c'est lorsqu'il est placé entre l'administration qui veut qu'une actrice joue et une actrice jeune et jolie qui le supplie de constater qu'elle est malade. Il se range le plus souvent du côté de l'actrice. Seriez-vous donc plus consciencieux que lui ?

Le médecin de théâtre est un Esculape de bon ton, gai, rieur et portant l'habit noir sans morgue. A force de tâter le pouls de tant de jolies femmes, il finit par laisser son cœur entre deux coulisses. Bienheureux encore quand il le rattrape! Certain médecin bien connu n'a jamais pu se guérir d'une passion de ce genre. Il est subjugué depuis plus de quinze ans, et toutes les fois que sa Dulcinée change de théâtre, il émigre avec elle, de sorte que le directeur engage tout à la fois une actrice et un médecin.

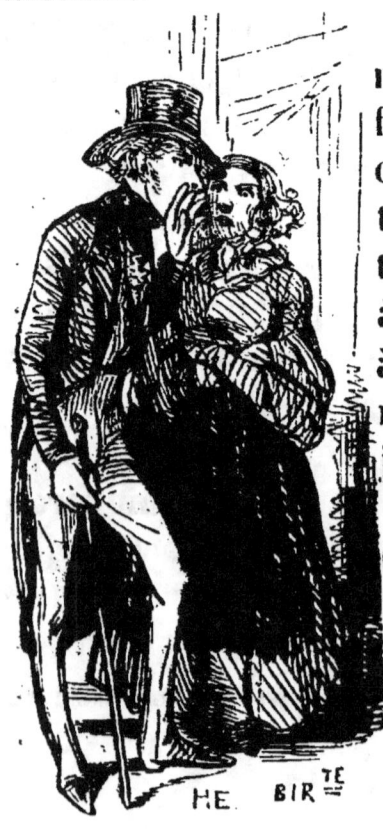

Ce ci-devant jeune homme guilleret, propret, parfumé d'ambre et de musc, c'est l'actionnaire de théâtre. Vous le reconnaîtrez toujours à son toupet blond, à son col de velours noir, à son gilet moiré, à sa canne à pomme d'or, et à son jabot. Il marche sur la pointe des pieds, et se dandine comme un garçon coiffeur en bonne fortune. Il est ordinairement ou avoué, ou négociant en produits des îles, ou gros proprié-

HE. BIR

5

taire, — et de plus capitaine en premier d'une compagnie de la garde nationale. Il est d'un caractère doux, d'une humeur folâtre et joviale, et a souvent cinquante mauvaises actions sur le corps sans être plus scélérat pour cela. Les machinistes le saluent, il cause avec la portière, donne une poignée de main au directeur, connaît toutes les ouvreuses, parle bas à l'oreille des habilleuses, et va de temps en temps demander au caissier des nouvelles de la recette.

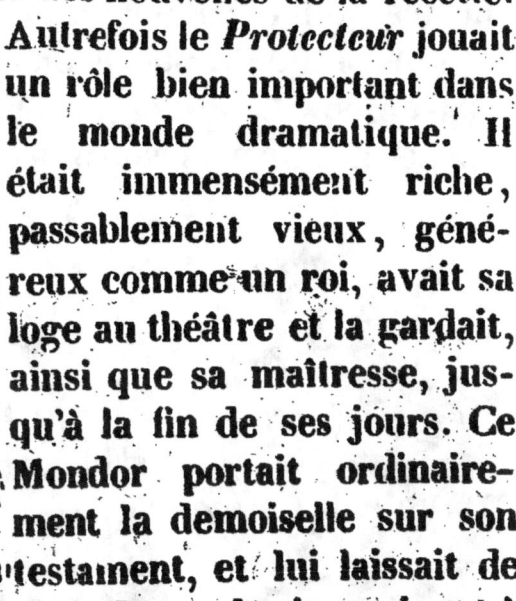

Autrefois le *Protecteur* jouait un rôle bien important dans le monde dramatique. Il était immensément riche, passablement vieux, généreux comme un roi, avait sa loge au théâtre et la gardait, ainsi que sa maîtresse, jusqu'à la fin de ses jours. Ce Mondor portait ordinairement la demoiselle sur son testament, et lui laissait de quoi se faire regretter. Cette physionomie est à peu près perdue. Un rat des plus distingués nous disait dernièrement : « Le siècle est bourgeois. Nous rencontrons bien de temps en temps un fils de famille qui mange quelques milliers de francs avec nous, mais il n'y a plus de ces

bienfaiteurs fidèles et réguliers qui nous pre-
naient à notre début sur les planches, et ne
nous quittaient plus. De cette manière, on pou-
vait se faire un sort ; aujourd'hui c'est à peine
si l'on trouve à faire des parties. »

La chose est vraie. Les protecteurs s'en vont.
On cite encore un général, deux banquiers, un
directeur de journal. Mais ces attachements-là
étaient bien antérieurs à la révolution de juil-
let. — De notre temps le vice lui-même est devenu mesquin et calculateur.

On ne prend du plaisir qu'à son heure, et on
ne paye que ce que l'on en prend. Ce n'est pas
plus moral, et c'est beaucoup plus petit.

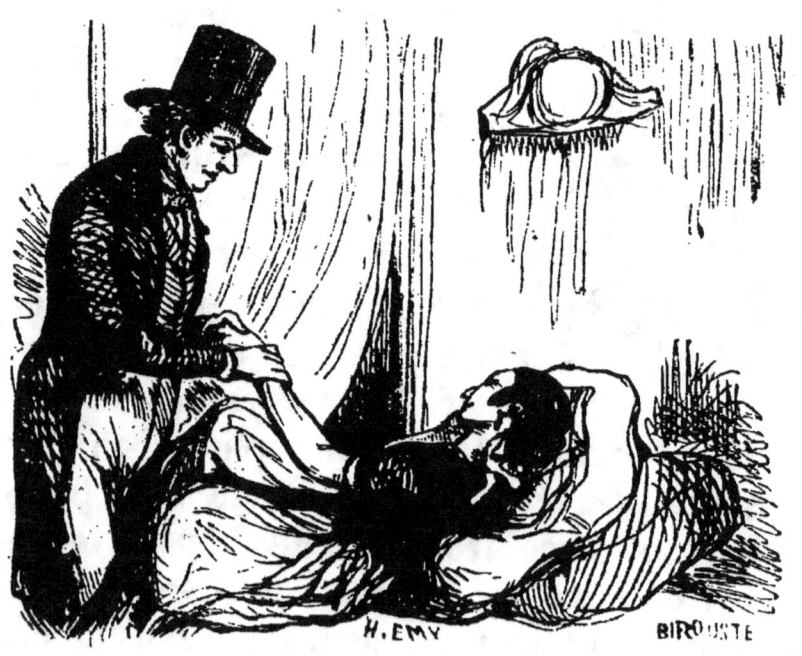

H. EMY   BIROUSTE

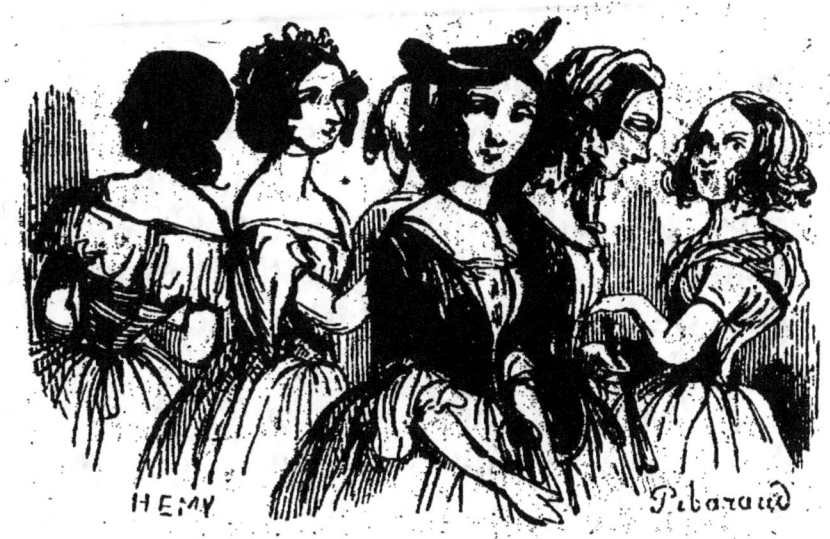

HEMY   Pibaraud

XV.

LES LOGES D'ACTEURS. LES JOLIES
ACTRICES.

Le foyer est le salon du théâtre; la loge en
est le boudoir. Si le salon est ordinairement
assez pauvrement et assez tristement meublé,
il n'a rien à envier au boudoir. — Une armoire,
une glace, deux chaises, un papier très-simple
sur les murs, et fort souvent point de papier,
tel est l'ornement d'une loge. Un grand désordre règne toujours dans ce sanctuaire. Les rôles
et les billets doux, le rouge et le blanc, les lettres de créanciers et les bulletins de répétition
se mêlent et se confondent sur la table de toilette Le plancher est jonché des costumes que

l'on vient de quitter et que le garçon de magasin n'a point encore eu le temps de ramasser ; ici un dolman turc, là un czapska hongrois, plus loin un uniforme anglais ou une veste d'Auvergnat. Dans les théâtres où l'exiguïté de l'espace force plusieurs acteurs à s'habiller dans la même loge, comme au Palais-Royal, par exemple, la confusion est plus grande encore. Mais ce tohu-bohu a quelque chose de gracieux et d'artistique qui plaît à

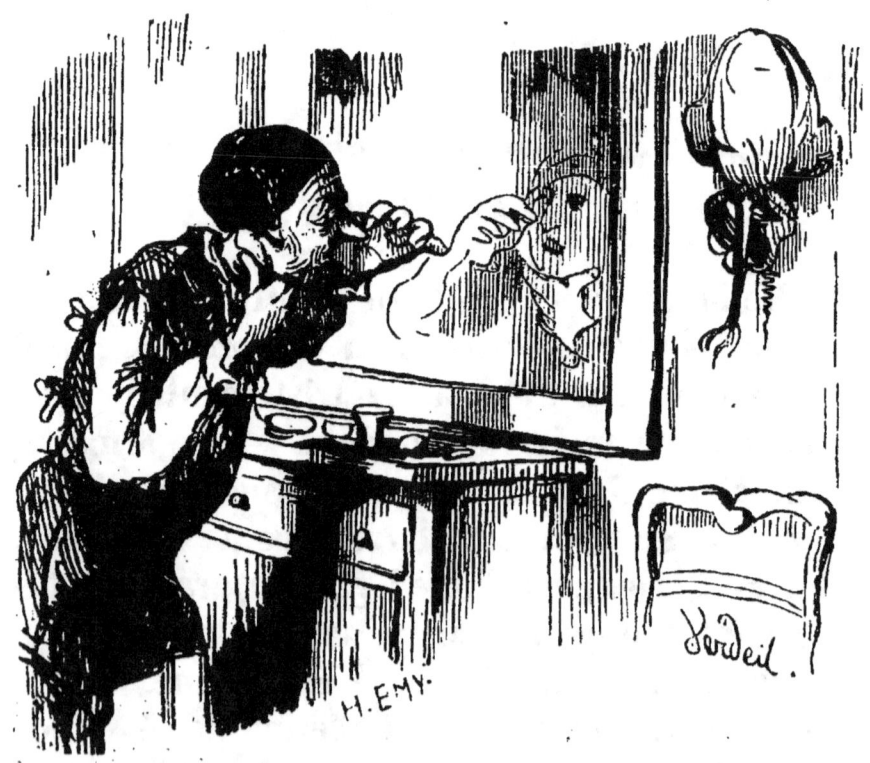

l'œil. — Écoutez... l'un fredonne un couplet, en

mettânt son rouge ; l'autre fait un calembour, le troisième lance son *ut* de poitrine ; d'autres, placés aux deux bouts de la loge, achèvent une conversation qu'ils ont commencée sur la scène. Mais le pas du régisseur a retenti dans la coulisse. « Gustave, es-tu prêt? je vais sonner. — Non! non! — Dépêche-toi. — Es-tu prêt, Francis? c'est toi qui commences! — Oui. » — Et Francis se hâte de descendre en rajustant sa perruque, tandis que Gustave peste contre son tailleur qui lui a fait un pantalon dans lequel il ne peut pas entrer.

Les femmes ont un instinct de coquetterie qui ne les abandonne dans aucune circonstance de la vie. Beaucoup d'actrices ornent élégamment leurs loges et en font de véritables bijoux. On y trouve un sofa, une psyché, des rideaux de soie, des tentures de velours; on y marche sur des tapis à fleurs; de jolis tableaux garnissent les murs, de gracieuses statuettes surchargent la cheminée. Une femme à la mode sait tout le prix de la toilette, et elle la veut, non-seulement pour elle, mais pour tout ce qui l'entoure, pour tout ce qui la touche de près. La beauté gagne beaucoup à l'arrangement des accessoires. On reçoit avec plus de majesté et d'aisance les remerciements d'un auteur, les éloges d'un directeur ou les protes-

.tations d'amour et les propositions d'un adorateur, lorsque l'on est entourée de toutes les merveilles du luxe le plus raffiné. Le trône est alors digne de la reine.

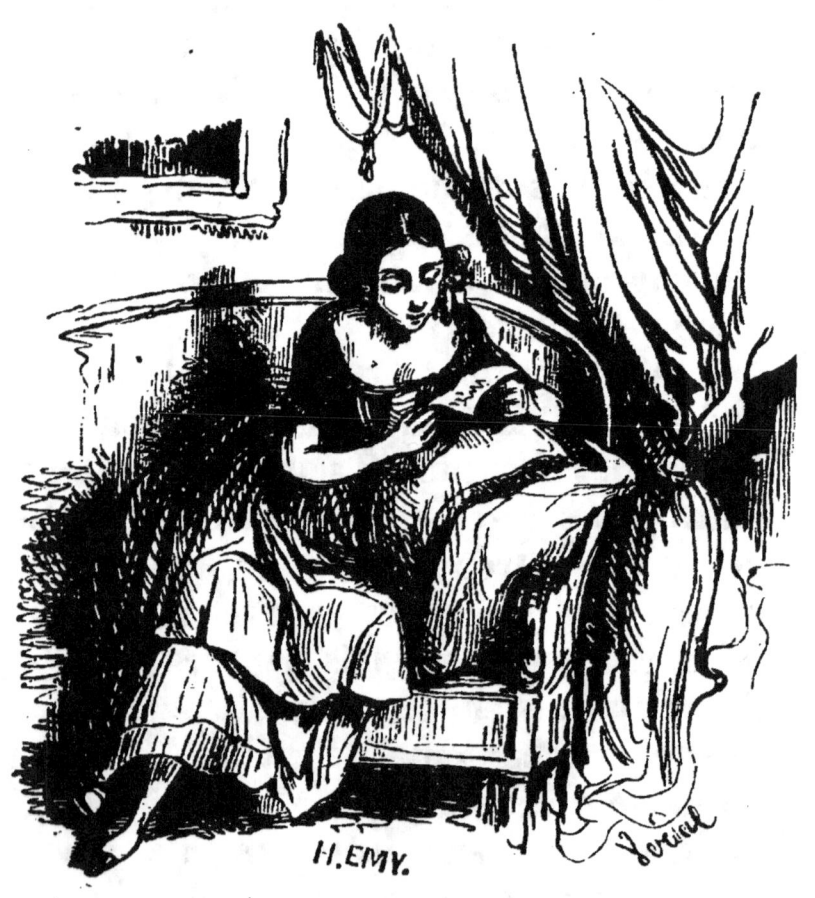

H. EMY.

Il vous est facile de savoir, à peu de chose près, combien il y a de ces élégants et secrets boudoirs dans les théâtres de la capitale. Combien y a-t-il de jolies actrices? c'est là une question délicate, importante, et qui a toujours beaucoup occupé Paris. Dans tous les temps Pa-

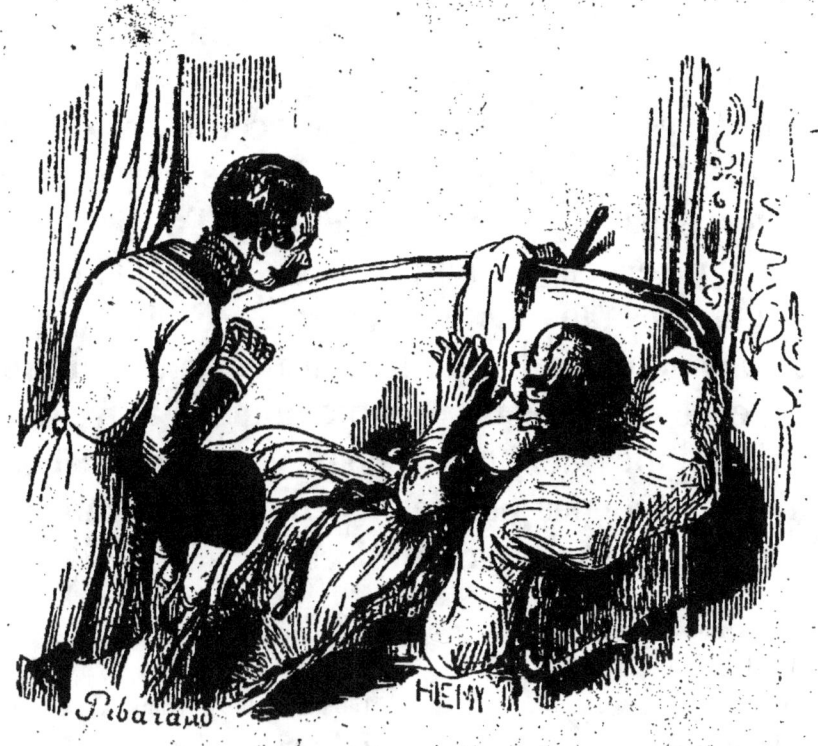

ris a aimé le jolies actrices, il les a applaudies, il a proclamé leurs noms, il a acheté leurs silhouettes pour en tapisser sa chambre à coucher, il a chanté leurs louanges avec l'Alma- nach des Muses! Autrefois c'était la Clairon, la Dumesnil; Sophie Arnould, Laguerre, puis mesdames Contat, Sainval, puis mademoiselle Mars, madame Gavaudan, madame Saint-Aubin, mademoiselle Bourgoin, puis madame Perrin, madame Pradher, et tant d'autres qui ont brillé vers les derniers jours de la restauration... Aujourd'hui c'est... Ici ma tâche devient bien difficile... je redoute plus les ennemies que les enne*mis*.... Avec les seconds, on en est quitte pour un coup d'épée donné ou reçu.... Avec les premières on ne peut se défendre, et on ne conserve pas toujours ses yeux.... J'ai peur de faire figurer trop de noms sur ma liste, j'ai peur de n'en pas faire figurer assez.... Enfin je me dois au public qui me lit, à la postérité qui me lira, et je dresse cette terrible nomenclature des actrices jolies de notre époque! Je prie celles qui n'y sont pas portées de me faire l'amitié de croire que je les ai oubliées.

Mademoiselle Plessis.	Mademoiselle Doze.
Mademoiselle Pauline Leroux.	Madame Doche.
Mademoiselle Brohan.	Mademoiselle Pernon.
Madame Dupuis.	Mademoiselle Nathalie.
Mademoiselle Figeac.	Mademoiselle Fargueil.
Mademoiselle Jenny Colon.	Mademoiselle Clarisse,
Madame Amy.	Mademoiselle Lucy.
Mademoiselle Desprez.	Madame Boisgonthier.
Mademoiselle Olivier.	Mademoiselle E. Prosper.
Mademoiselle Eugénie Biron.	Madame Anna Thillon.
Madame Châtillon.	Madame V. Martin.

Ma foi.... je ne me sens pas la force d'aller jusqu'au bout, et je clos la liste avec *et cætera*, *et cœlera*, *et cœlera*, ainsi lisez : *Madame V. Martin, etc., etc., etc.*

Je vous prie de remarquer combien cet *et cœlera* est élastique, et combien de jolies femmes il peut contenir encore dans son sein.

J'ajouterai que sur la beauté chacun peut avoir son opinion, et que telle actrice qui he me paraît pas jolie peut paraître très-jolie à mon voisin de droite ou de gauche.

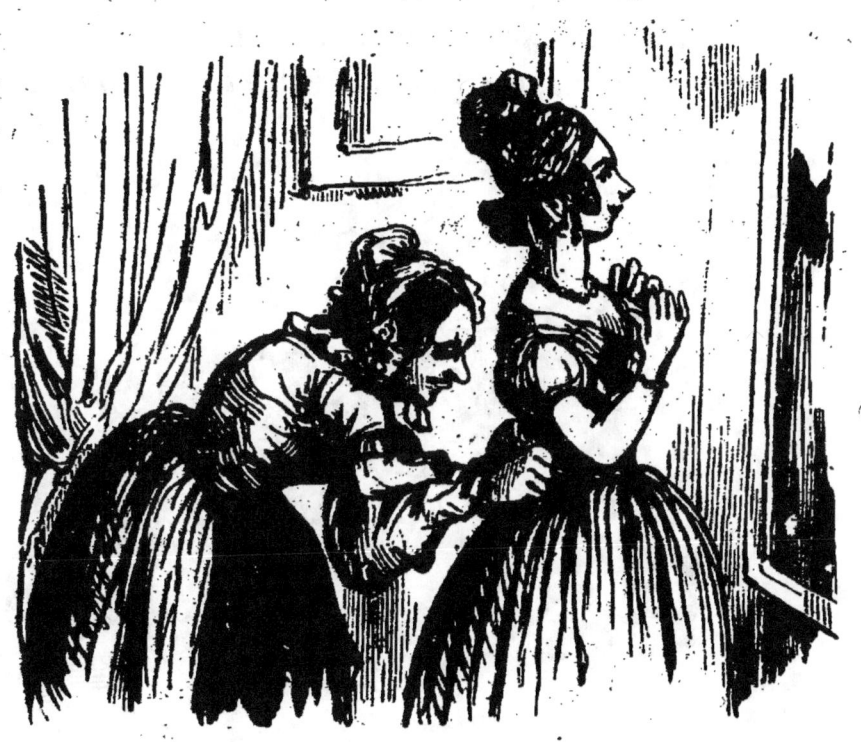

Je dirai encore que je n'ai parlé que des ac—

...rices *jolies*, et que j'ai tout à fait négligé les actrices *belles*, dont le nombre est sans doute très-grand.

Enfin, je terminerai en faisant observer qu'il y a à Paris des actrices que j'ai connues très-jolies, qui ont cessé momentanément de l'être par un accident quelconque : comme un embonpoint prématuré, un trop grand amour des bals masqués et des soupers, une passion malheureuse, etc., etc., et qui peuvent un jour rentrer en possession de tous leurs charmes.

Voilà des excuses, ma foi, voilà des raisons, et j'espère bien que personne ne m'en voudra.

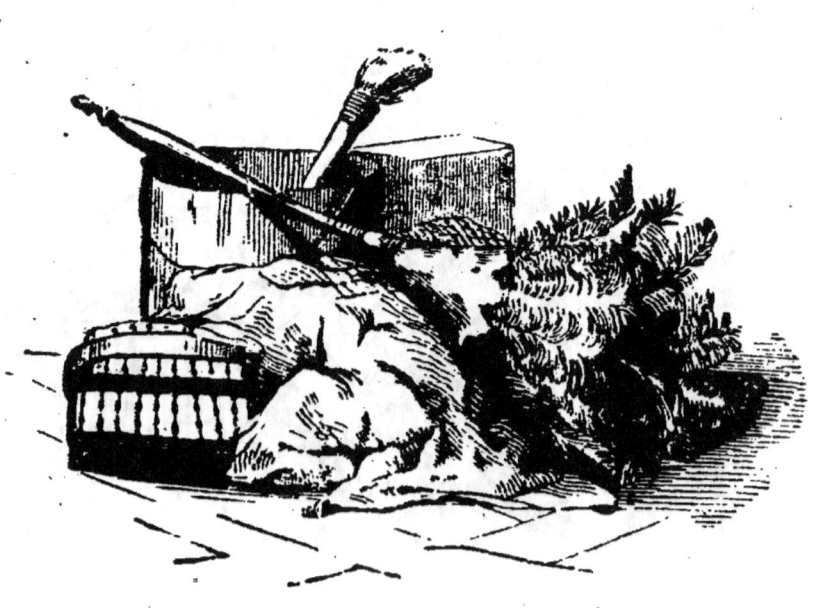

VINGT-QUATRE HEURES DE LA VIE D'UN THÉATRE.
UNE PREMIÈRE REPRÉSENTATION.

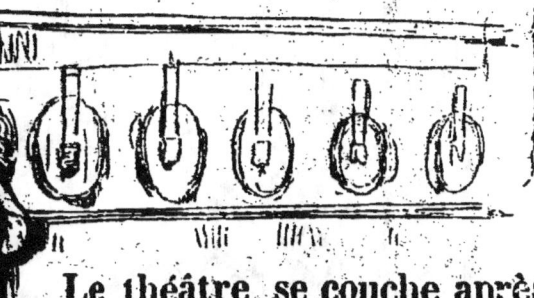

Le théâtre se couche après minuit, aussi le matin met-il fort tard le nez à la fenêtre. Dix heures sonnent ordinairement lorsque s'ouvrent les portes du sanctuaire. Il ne faut s'y aventurer que fort prudemment. Il faut surtout bien se garder de se jeter de prime abord sur la scène, car la scène est encore pleine de mystères. La veille, après la représentation, toutes les trappes n'ont pas été fermées, tous les entonnoirs n'ont pas été raffermis, et l'on pourrait tomber dans un précipice et y laisser l'une de ces parties de soi-même que la chirurgie sait fort bien enle-

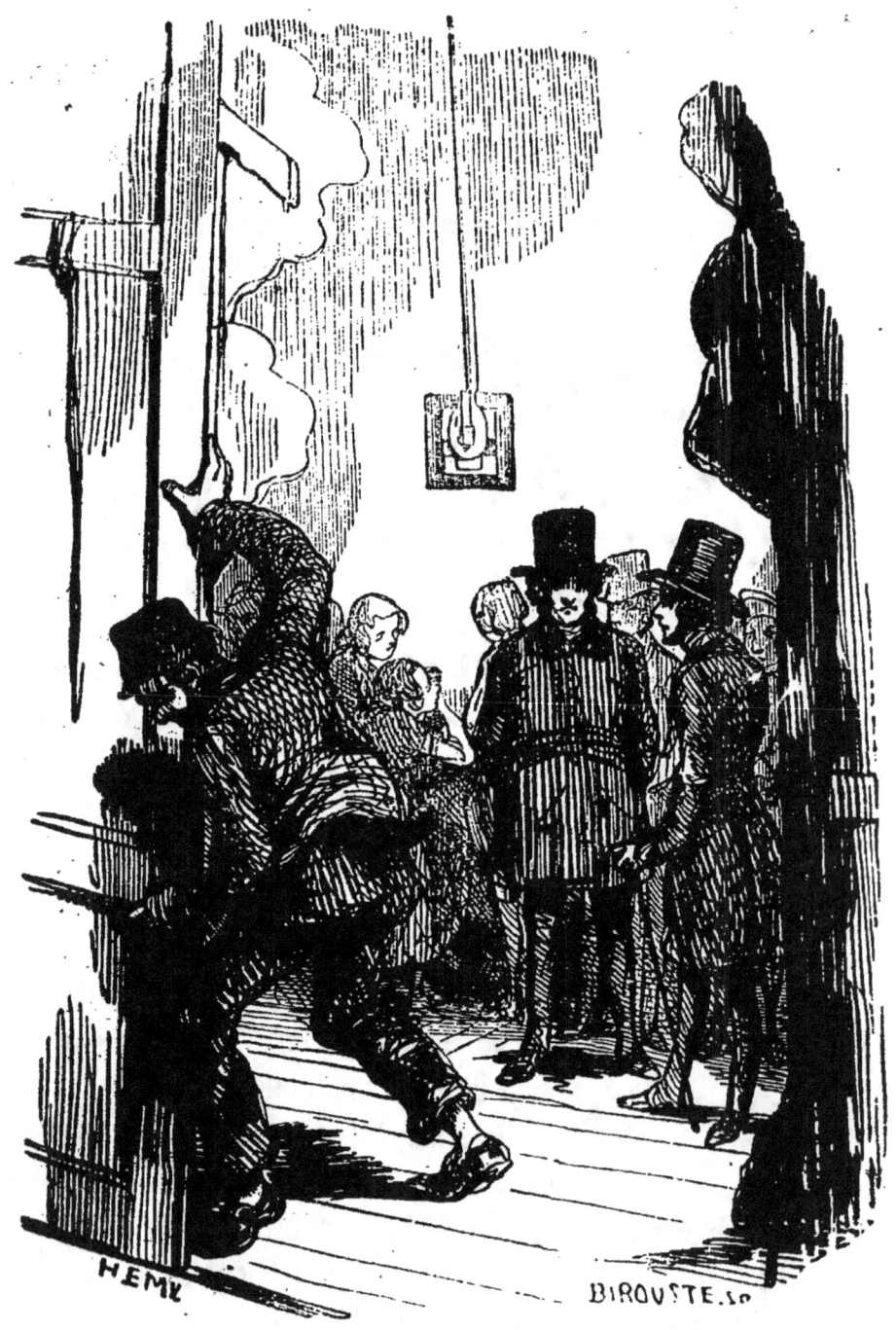

ver, mais qu'il n'est pas en sa puissance de remplacer.

Grâce à un rayon de soleil qui descend du cintre, il est presque possible de s'orienter. Les yeux, un instant étonnés du passage subit de la lumière à la nuit, puis de la nuit à une demi-lumière, commencent à reprendre leur assurance et à fixer les objets. Voyez ce pompier qui, drapé dans son manteau gris, se promène majestueusement au fond du théâtre, et cet autre qui cherche dans un sommeil réparateur un dédommagement aux fatigues de sa faction nocturne. On les prendrait volontiers pour deux Marius sur les ruines de Carthage.

Le machiniste en chef et les garçons de théâtre arrivent et préparent tout pour la représentation du grand drame dont *la première* doit avoir lieu ce soir. En même temps qu'eux se glisse sur le théâtre un petit homme sautillant, fringant, croquant, qui a des gants ex-jaunes, des favoris à la Jocko et un habit râpé. C'est un homme de lettres de l'espèce de ceux qui font un vaudeville de lever de rideau tous les ans, qui vivent dans les estaminets et les souterrains, et se posent en génies dramatiques, quoiqu'ils ne sachent pas écrire trois lignes de suite. Notre Jocko vient voir si quelqu'un de ces messieurs de la troupe voudra bien lui payer encore une fois à déjeuner.

Les décors sont posés, les quinquets fument. — Le directeur et l'auteur de la pièce arri-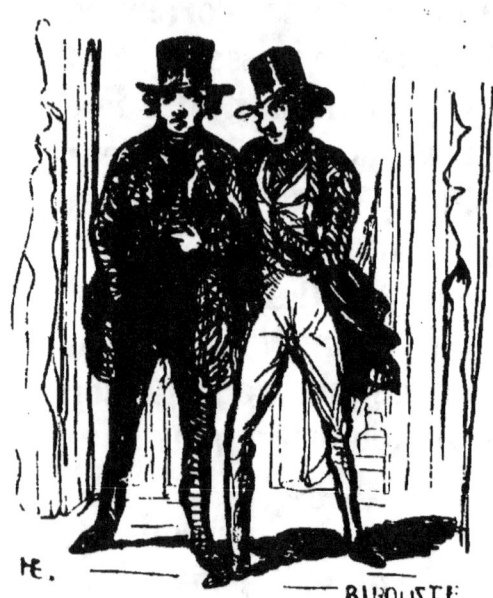vent ensemble et font commencer l'ouverture. Vous connaissez cette musique; beaucoup de grosse caisse, de contrebasse, de tam-tam et d'ophicléide : de temps en temps un *amoroso* emprunté à la *Pie voleuse* ou à la *Dame Blanche*, puis pour le bouquet une tempête d'instruments à vent et une décharge de coups de fusil. La répétition marche tant bien que mal. L'auteur crie beaucoup, moins cependant que l'acteur qui est chargé du rôle principal dans l'ouvrage. Le régisseur tremble, le machiniste envoie la pièce à tous les diables, et la débutante pleure parce que, dans un moment de colère, le directeur lui a dit *qu'elle ferait four le soir.*

Chacun va à ses affaires. — Le *jeune premier*

monte au magasin pour essayer son costume et s'assurer que le pantalon de soie que lui fournit l'administration dessine bien ses formes. Le comique retourne au café voisin, où il se livre à sa passion pour le noble jeu de dominos ; les comparses s'arrêtent chez la portière ; et, parmi les actrices, les unes courent à leur pot-au-feu et à leur ménage, tandis que les autres montent dans le cabriolet de régie de leur amant du jour et se font conduire au bois.—Le directeur, enfermé dans son cabinet, envoie des coupons de loges à tous les journalistes de Paris, depuis le feuilletonniste des *Débats* jusqu'au rédacteur en chef de *la Casquette de loutre*, feuille qui *paraît quelquefois*.

Le théâtre est encore une fois désert, mais ce ne doit pas être pour longtemps.

La nuit commence à étendre ses voiles sur la nature, c'est-à-dire que les marchands de coco affluent sur le boulevard, que les trafiquants de contre-marques sont à leur poste, et que les gardes municipaux, les pompiers, les ouvreuses de loges, les buralistes et les claqueurs arrivent par troupes plus ou moins disciplinées. La queue se forme à la porte de l'heureux théâtre. Le chef des Romains fait entrer ses hommes par une porte dérobée ; il dispose habilement son armée. Le corps principal est

sous le lustre, les deux ailes se placent aux ex-
trémités du parterre, quelques tirailleurs sont
lancés jusque dans l'orchestre. Une petite co-
lonne se cantonne à la troisième galerie pour
échauffer le titi et le petit bourgeois dont le
goût n'est pas difficile à satisfaire, dont l'enthousiasme s'allume facilement. Au moment où
le vrai public entre à son tour, il trouve la
moitié de la salle occupée par les chevaliers du
battoir. En province, cet envahissement clan-
destin et illégal du théâtre soulèverait une
émeute; les tapageurs de l'endroit casseraient
le soir même le lustre et les banquettes, et
iraient le lendemain donner un charivari à
l'impressario. A Paris, le public est plus dé-
bonnaire; il s'est habitué aux claqueurs, il les
supporte, que dis-je? il les aime. Les claqueurs
ne lui épargnent-ils pas tout à fait la peine
d'applaudir, et ne complètent-ils pas ainsi les
doux loisirs que les acteurs et les auteurs avaient
déjà commencé à lui faire?

Les journalistes et les auteurs remplissent
déjà le foyer public. On voit là et Bayard, et
Hippolyte Lucas, et Roger de Beauvoir, et Brif-
fault, et Merle, et Gabriel, qui a la tête perdue
dans sa cravate, et B. Antier, le spirituel auteur
de *Robert Macaire* et des *Beignets à la cour*, et
Antony Béraud, et Rolle, et Paul Foucher, et

Théophile Gautier, et Eugène Guinot, et Varin,

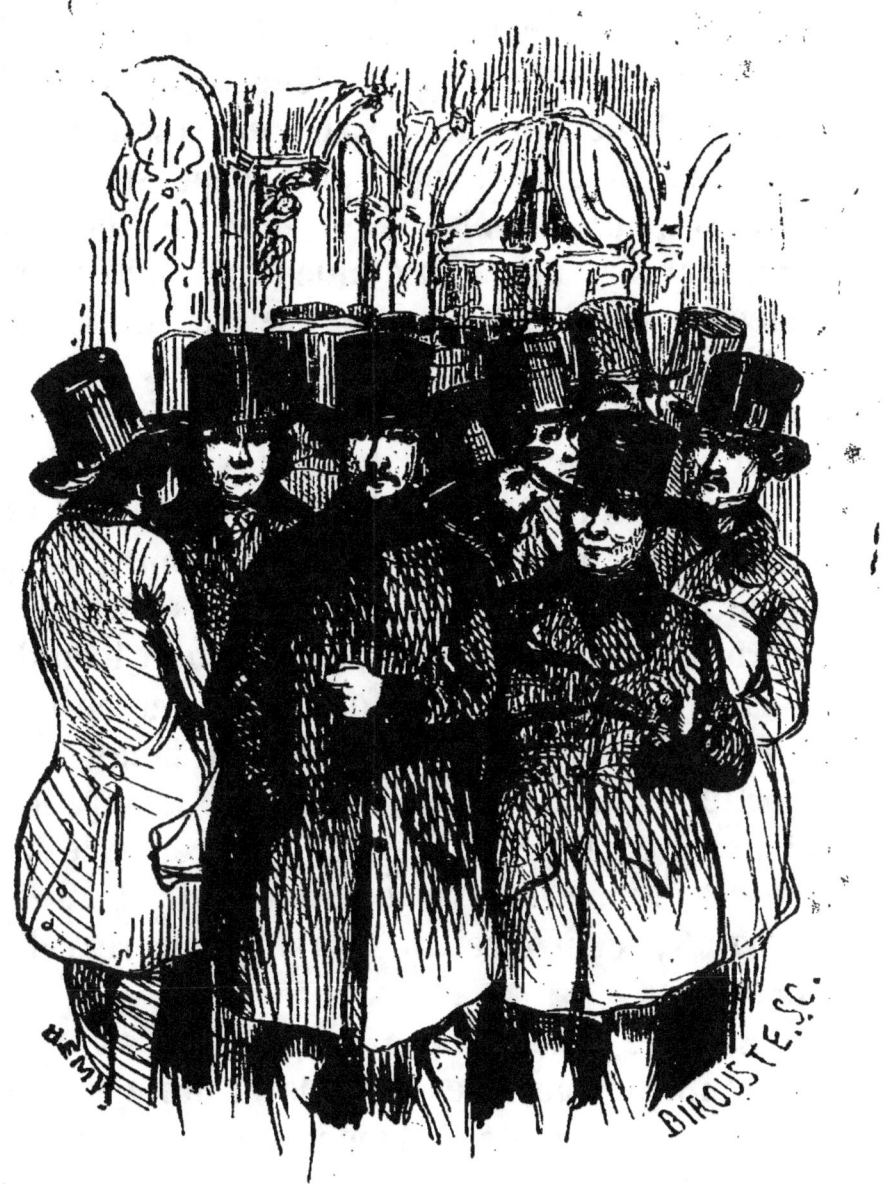

Félix Pyat, — enfin toute notre littérature active et militante.

La salle s'agite. Et que d'émotions dans les coulisses pendant la petite pièce, celle qu'on nomme vulgairement *lever de rideau,* celle qui fait vivre les vaudevillistes intimes et fricoteurs! Le directeur pâle et tremblant se promène à grands pas; il a dépensé 40,000 francs pour la mise en scène de l'ouvrage nouveau, et une chute amènerait nécessairement la sienne. Quelle perspective! il suppute silencieusement les chances de gain et les chances de perte. Certes, l'auteur, Anatole Fourbu, a eu de beaux succès dans sa vie; il a fait la fortune des théâtres de la foire, et il a mis des phrases à lui dans la bouche du grand Napoléon, au Cirque-Olympique; mais aussi il a éprouvé bien des revers, il a entendu bien des fois siffler les serpents sur sa tête, et on l'accuse généralement de parler la langue des portiers et de puiser toutes ses inspirations dans les ouvrages des autres. Mais enfin le sort en est jeté... On a vu le public avaler bien des drogues, peut-être avalera-t-il encore celle-là!

Anatole Fourbu ne perd pas un instant son aplomb. Il donne des conseils au premier rôle, examine la toilette de l'amoureuse, et s'assure que les feux de Bengale sont prêts et en bon état. Puis, dans l'entr'acte, il va jeter un coup d'œil dans la salle, par le trou du rideau. Il passe ses juges en revue. « Ah ! ah ! dit-il à l'un de ses petits collaborateurs qui se trouve à côté de lui, voilà là-bas ce fameux critique qui prétendait l'autre jour, dans son feuilleton, que j'étais toujours aussi éloigné de l'esprit et du style que le Jardin des Plantes peut l'être du bois de Boulogne. Je soutiens, moi, que pour faire des *pièces,* il ne faut ni esprit, ni imagination, ni style. De la charpente, morbleu, de la charpente... rien de plus... Je charpente, et cela me suffit. »

Chut ! les trois coups ont retenti. — Au rideau. — Le chef-d'œuvre est lancé.

Le premier acte est écouté en silence. C'est l'exposition. Le public n'y a pas compris grand'-chose, mais comme il avait bonne envie de comprendre, il a écouté. Ainsi le lecteur de notre *Charivari* s'arrête silencieux et pensif devant un obscur logogriphe. Anatole Fourbu triomphe déjà ; sa physionomie est radieuse, son pas assuré, et sa tête touche aux frises.

Le second acte est accueilli par quelques murmures. Anatole Fourbu prétend qu'il y a des cabaleurs dans la salle : « Mais, s'écrie-t-il d'un ton inspiré, les beautés de mon troisième acte doivent les foudroyer ! »

Au troisième acte on entend un coup de sifflet. Anatole Fourbu appelle l'inspecteur de la salle et lui recommande de faire graisser sur-le-champ les portes des loges qui, en s'ouvrant, produisent un bruit agaçant et fâcheux.

Au quatrième acte, sifflets nombreux. Anatole Fourbu se contente de dire : « Dieu ! que ces portes sont désagréables ! » ou bien : « Dieu ! comme le vent s'engouffre ce soir dans les corridors. » Ou bien encore il chante la *Marseillaise* entre ses dents ; ou bien encore, il offre une prise de tabac au régisseur.

Au cinquième acte le Guyon de l'endroit se remue tant et si fort, qu'il détourne l'orage suspendu sur la tête de l'auteur. Les titis applaudissent, les bourgeois s'essuient les yeux, les claqueurs font leur devoir, et les gens de goût haussent les épaules. Le succès est enlevé. Le premier rôle vient, à demi vêtu, livrer le nom de l'auteur aux bravos du parterre.

Anatole Fourbu va souper au café du théâtre avec le directeur et le chef de la claque ; il propose et fait accepter le plan d'un nouveau drame. En rentrant chez lui, il reçoit les félicitations unanimes de sa cuisinière.

Cependant que s'est-il passé au théâtre ? les ouvreuses de loges ont enlevé leurs petits bancs, les acteurs ont essuyé leur rouge, les figurants ont quitté ou n'ont pas quitté les bottes de

l'administration, madame Rigaulard à distri-
bué à ces dames les billets qui lui avaient été
remis dans la soirée, les pompiers ont fait leur
ronde une lanterne sourde à la main, et tout
est retombé dans le néant jusqu'au lendemain
matin.

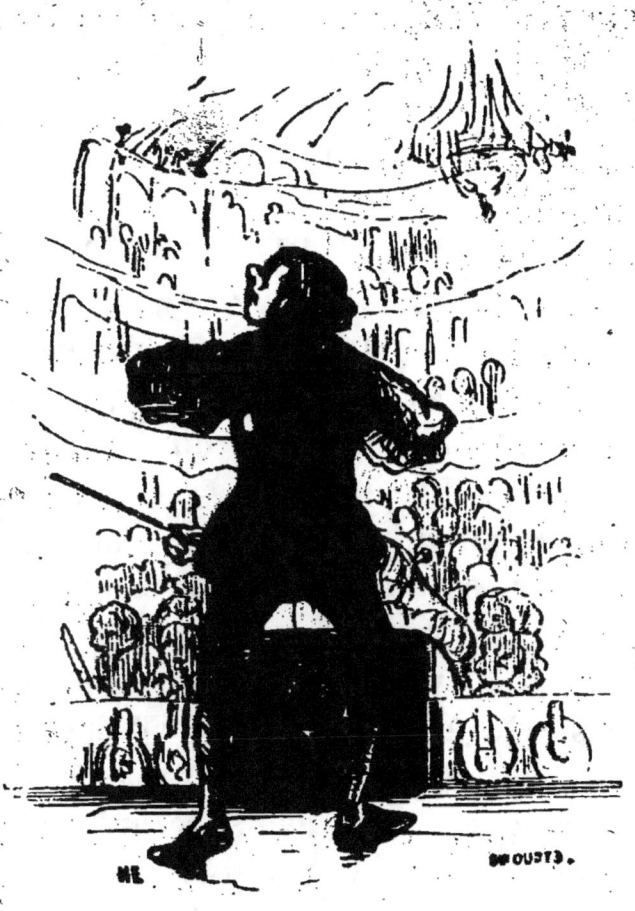

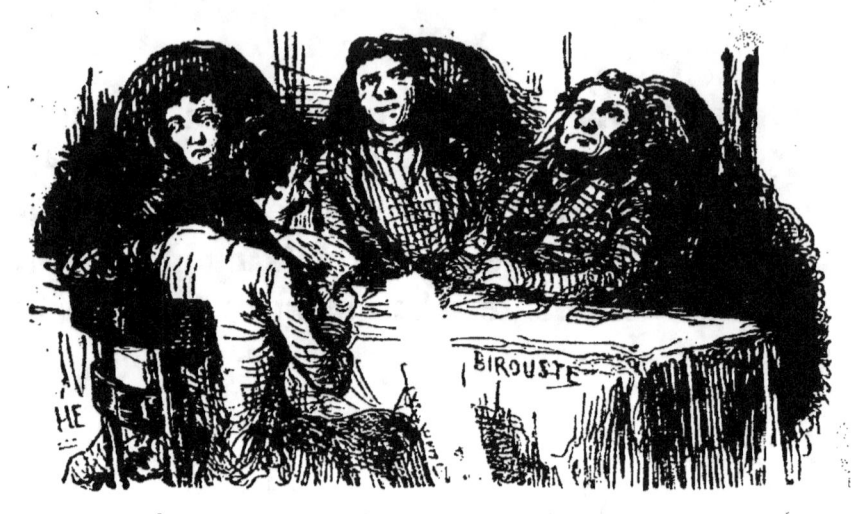

XVI.

DES COMITÉS DE LECTURE.

Il n'y a de comité de lecture véritable qu'aux Français. Dans les autres théâtres, le comité de lecture est un nom; il a été inventé pour débarrasser les directeurs des réclamations importunes des auteurs. Quand vous arrivez dans un théâtre avec un manuscrit, si le directeur vous dit d'un air amical : « Mon cher Fibochon ou Tartempion, venez dans mon cabinet, nous causerons tête à tête de votre affaire, » vous pouvez avoir bonne espérance ; mais s'il vous dit : « Mon cher, vous avez lecture pour demain devant le comité, » vous ferez aussi bien de rester chez vous, les pieds chauds, et d'offrir votre manuscrit à votre épicier. Règle générale, le directeur n'assemble son comité que lorsqu'il veut refuser. Du reste, beaucoup de directeurs commencent à s'affranchir de cette formalité hypocrite ; ils font déposer chez le concierge les manuscrits des commençants et les leur renvoient sans les avoir ouverts. Cependant l'un d'entre eux, et ce n'est pas le moins habile, a cru devoir conserver son comité pour l'éventualité des refus ; ce comité se compose d'un docile et inoffensif actionnaire et du secrétaire de l'administration. Hélas ! c'est la position de ce pauvre secrétaire qui est déplorable ! Figurez-le-vous placé entre son directeur qui lui a ordonné de se prononcer pour un rejet, et un auteur influent qui brûle d'être reçu !

Il voudrait bien ne heurter personne ; d'un côté il voit sa place menacée, de l'autre ses rapports avec l'auteur influent compromis. — Pendant toute la lecture, il est sur des épines, il se creuse la tête pour trouver un biais, un faux-fuyant, une échappatoire.

On est arrivé au dénoûment. — L'auteur ferme son manuscrit avec un certain mouvement d'orgueil. — Le directeur, qui s'est prononcé pour la réception, consulte ses assesseurs auxquels il lance des regards terribles, et qui ordonnent le refus.

— Ici commencent les tribulations du secrétaire ; il cherche des prétextes inouïs pour avoir occasion de prendre la fuite.

« Je crois, dit-il tout à coup, qu'on m'appelle au théâtre.

— Non... monsieur Poupin... répondez donc.. que pensez-vous de la pièce ?

— Hum ! hum... la pièce... Pardon... si fait... on m'appelle au théâtre.

— Mais non... c'est une erreur... Eh bien ! la pièce...

— Pardon... messieurs... oh !... oh !... pardon... oh !... »

Et il se sauve comme le *Malade imaginaire* de Molière. — Après chaque séance du comité de lecture, M. Poupin est malade. — Les comités de lecture le tueront.

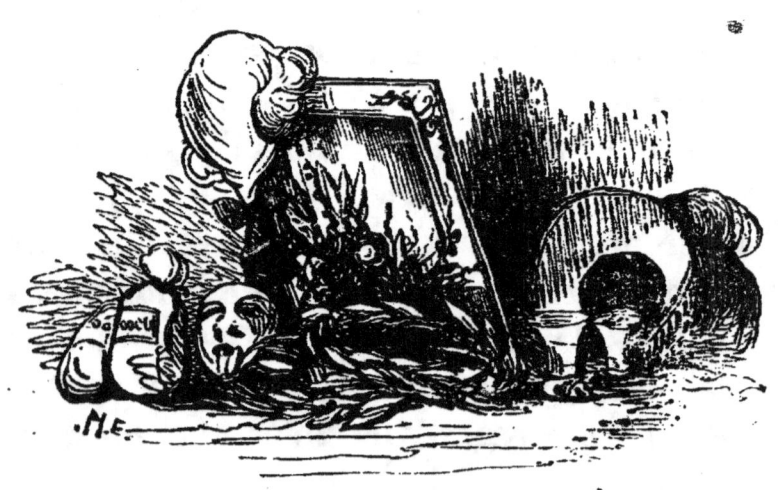

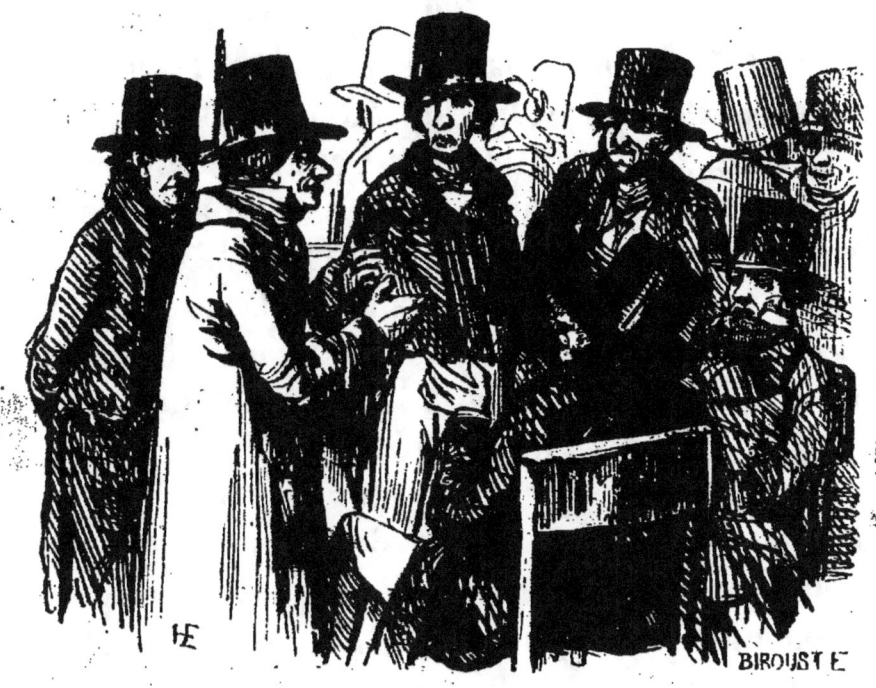

XVIII.

L'HABITUÉ.

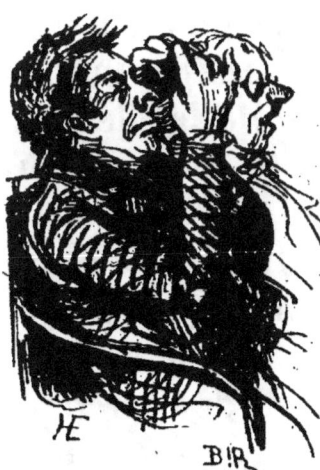

L'habitué est fort redouté dans les théâtres. Il est sévère dans ses jugements, d'autant plus sévère, que souvent il ne paye pas sa place. Il a ses entrées comme auteur d'une pièce faite il y a trente ans et jouée trois fois, ou comme actionnaire, ou comme feu quelqu'un qu'il continue par une usurpation de nom posthume.

Aux Français, l'habitué a une physionomie toute particulière ; il est grave, il est râpé, il est sérieux, il est littéraire ! Depuis 1802 il vient aux Français tous les soirs, et connaît à fond son répertoire. Il a vu les plus grands acteurs de la scène française, et dans la discussion, son argument principal consiste à opposer le passé au présent. Il arrive à huit heures, prend sa place, écoute quelques vers de Molière et s'endort. Ce qui ne l'empêche pas d'aller, dans les entr'actes, faire partie de cet aréopage en perruques qui siége au foyer du public, devant la cheminée, et qui frappe et juge à tort et à travers.

L'habitué des Français est terrible à l'encontre des œuvres nouvelles ; rien ne lui convient, rien ne lui plaît. Il est impossible que l'on fasse quelque chose de bon à l'époque où nous vivons. Il sabre les pièces ! il sabre les acteurs ! Où est Talma ? où est Colin d'Harleville ? où est Molé ? où est Lafosse ? où est Cailhava ? où est mademoiselle Contat ? Et Luce de Lancival ? et Marivaux ? et Baron ? et Racine ? et la Champmeslé ! et Molière lui-même ? Quand une fois notre homme s'est mis à cheval sur ces grands noms, il n'y a plus moyen de l'arrêter : il pique des deux, et emporte la discussion à travers l'espace.

L'habitué de l'Opéra-Comique est un ancien fournisseur de l'empire. Il est couvert de breloques et de gilets rouges, et sifflote sans cesse la *marche des Tartares*. Il n'a aucune prétention musicale: mais il se souvient qu'en 1810 on fréquentait beaucoup l'Opéra-Comique, et il a conservé ses habitudes de 1810. Il parle de la Gavaudan et de madame Saint-Aubin. C'est lui qui écrit souvent à l'administration pour que l'on remonte *Adolphe et Clara, Lodoïska, le Nouveau Seigneur du village, Azémia, ou les Sauvages*, etc.

Sur le boulevard du Crime, les physionomies sont encore plus tranchées.

Les théâtres de mélodrame, dont le public est essentiellement mobile n'ont d'habitué qu'au paradis. Mais cet habitué-là, c'est le plus redouté et le plus redoutable de tous. Il porte une blouse ou un bourgeron, des cheveux en tire-bouchon et un pantalon de velours. Vous avez devant les yeux le lion, le roi, le dandyssime des titis du quartier du Temple. Fi des Funambules et du Petit-Lazari! C'est bon pour la populace, pour les gamins qui travaillent, pour les apprentis bijoutiers et emballeurs. Coco, dit *la Mort aux*

poches, cherche des délassements plus relevés.
Quand on a la main facile et le pied léger, lorsqu'on peut passer toutes ses journées à ne rien
faire, et que l'on possède l'amour de la plus
belle écaillère du faubourg Saint-Denis, on doit
fréquenter tous les soirs le paradis d'un théâtre
distingué et se repaître d'émotions dramatiques
un peu poivrées. C'est ce que fait Coco, dit *la
Mort aux poches*; tous les soirs il est à la queue
de son théâtre chéri, et il avale cinquante fois
de suite le même vaudeville et le même mélodrame. Il raffole de M. Saint-Ernest, et il don-
nerait la plus belle mèche de ses cheveux huilés,
pour avoir le bonheur d'ouvrir la portière d'un
fiacre à madame Théodorine.

Les *Folies-Dramatiques* et la *Porte-Saint-An-
toine* sont deux théâtres renommés pour les
attraits de leurs actrices. Les avant-scènes y
sont envahies par une espèce de lion toute particulière, c'est le lion du Marais; il loge chez
papa, tire de temps en temps une pièce d'or
à maman, et s'achète une paire de gants tous
les quinze jours. Il a la prétention de souper.
Pour lui ce repas nocturne consiste en une
bouteille de bière entourée d'échaudés qu'il
consomme au café Turc. Il fait les yeux doux
aux figurantes et accable les ouvreuses de pièces de 10 sous pour les engager à porter ses

poulets. Le jour où il triomphera des rigueurs de mademoiselle Louisa, ex-couturière et aujourd'hui *cheffe* d'attaque dans les chœurs de Folies-Dramatiques, il ira conter son succès à tous les élèves de la pension Favard qu'il a quittée l'année dernière.

L'amateur de spectacle pur sang, l'habitué type, c'est Fanfan, apprenti de son état et gamin de Paris de caractère. Son patron lui donne tous les matins 2 sous pour son déjeuner ; il mange son pain sec afin de pouvoir *filer* le soir et aller acheter une contre-marque sur le coup de neuf heures. Il est enthousiaste de Debureau et des mimodrames du théâtre des Funambules, où il se débite peu de phrases, mais force coups de sabre, coups de poing et coups de pied. Si Fanfan attend avec impatience l'époque où il gagnera 5 francs par jour, c'est qu'alors il pourra prendre une place de *secondes* et voir la pantomime plus à son aise. — Fanfan court aussi la chance de devenir *employé aux trognons de pommes*, c'est-à-dire d'être remarqué pour son assiduité et pour sa tranquillité au spectacle, et d'être chargé par le directeur du Petit-Lazari ou des Funambules d'arrêter le bras des gamins qui seraient tentés de jeter sur la scène et sur les acteurs des projectiles de toute nature, tels que trognons de pommes,

châtaignes, morceaux de galette, etc , etc. Dans
ce cas il fait, conjointement avec le garde mu-
nicipal, la police du paradis, mais s'acquitte de
la partie paternelle de ces fonctions, c'est-à-
dire qu'il distribue les avertissements et les ca-
lottes. — Fanfan n'est promu à la dignité
d'employé aux trognons de pommes, on le comprend bien, que lorsque l'âge commence à lui
assurer les avantages de l'expérience et d'une
poigne un peu forte : ne faut-il pas qu'il puisse
logiquement démontrer à ses administrés que
la raison du plus fort est toujours la meilleure?

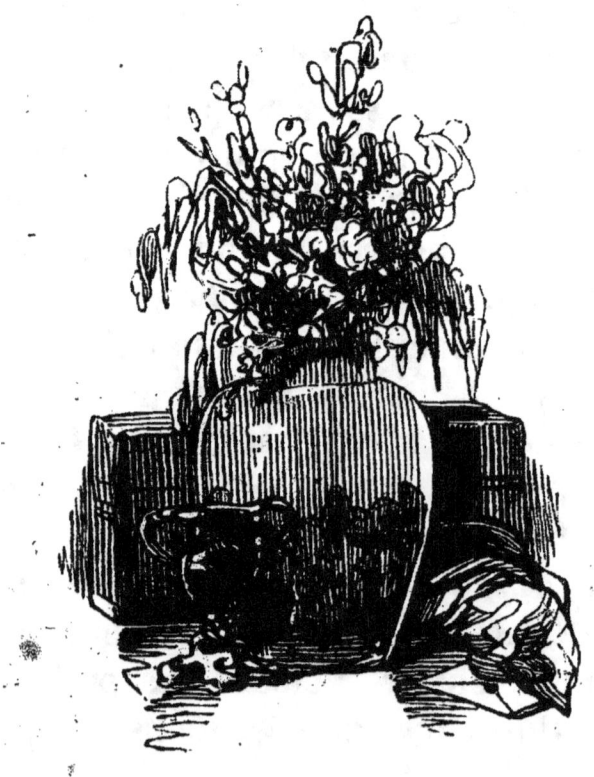

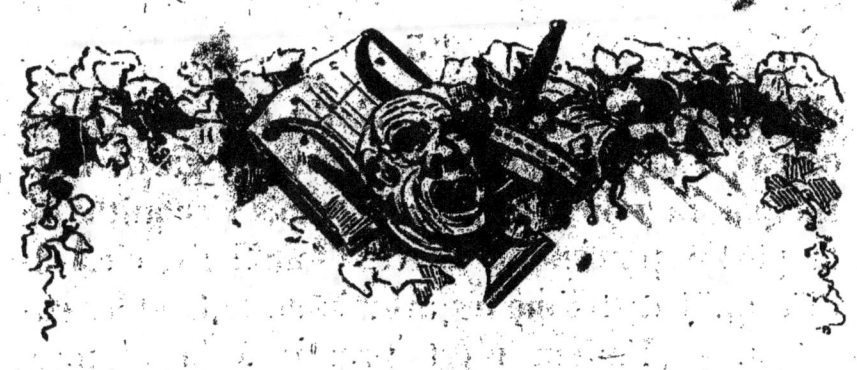

XIX.

LE THÉATRE EN PROVINCE.

Si vous le comparez au directeur de province, le directeur de Paris est un véritable grand seigneur. Agent de capitalistes ou capitaliste lui même, il n'a que les roses du métier. La grosse besogne est abandonnée au régisseur général, au directeur de la scène, au contrôleur en chef, pauvres victimes, qui cachent leurs plaies sous des titres pompeux !

En province, la spéculation ne s'est pas encore immiscée dans les affaires dramatiques. Laissez de côté deux ou trois grandes villes où, depuis quelques années, des notaires oisifs ou des négociants viveurs ont cru devoir prendre un intérêt matériel dans l'exploitation du théâtre de leur localité, et partout ailleurs vous trouverez pour directeur l'ancien acteur qui, à force d'économies et par une exception bien rare dans son état, a pu mettre de côté quelques billets de mille francs, et monter comme phaéton sur le char dramatique qu'il a si longtemps traîné en véritable bête de somme. Ah ! l'existence de celui-là n'est pas une existence dorée, vous pouvez m'en croire ! Il est tout à la fois metteur en scène, caissier, comité de lecture, homme d'affaires, acteur, machiniste, souffleur ! Il faut qu'il soit partout, qu'il ait l'œil à tout ! Protée lui-même n'a jamais eu tant d'aspects divers.

En entrant dans ce sujet, qu'ici du reste j'esquisserai bien légèrement, je me sens pris d'une indicible tristesse, et j'ai honte de me laisser aller à la dérive de ma gaieté. Le théâtre de province est en ce moment dans une déplorable situation. Partout des banqueroutes, partout la misère et la ruine. En province, le théâtre n'est point fréquenté comme à Paris. Il lui manque surtout un élément de succès, — la présence des classes populaires.

A Paris, vous savez combien l'ouvrier aime le spectacle. Lorsqu'une pièce lui plaît, il met ses vêtements en gage pour aller la revoir. Le dimanche et le lundi sont les jours consacrés par lui à ce plaisir. Toutes les semaines il met quelque chose de côté sur son gain pour payer sa place au parterre ou au paradis. Pour peu qu'un théâtre de mélodrame donne, je ne dis pas un ouvrage

7

un peu intéressant, mais cinq actes ornés de décors et de costumes nouveaux, la foule se presse à ses portes.

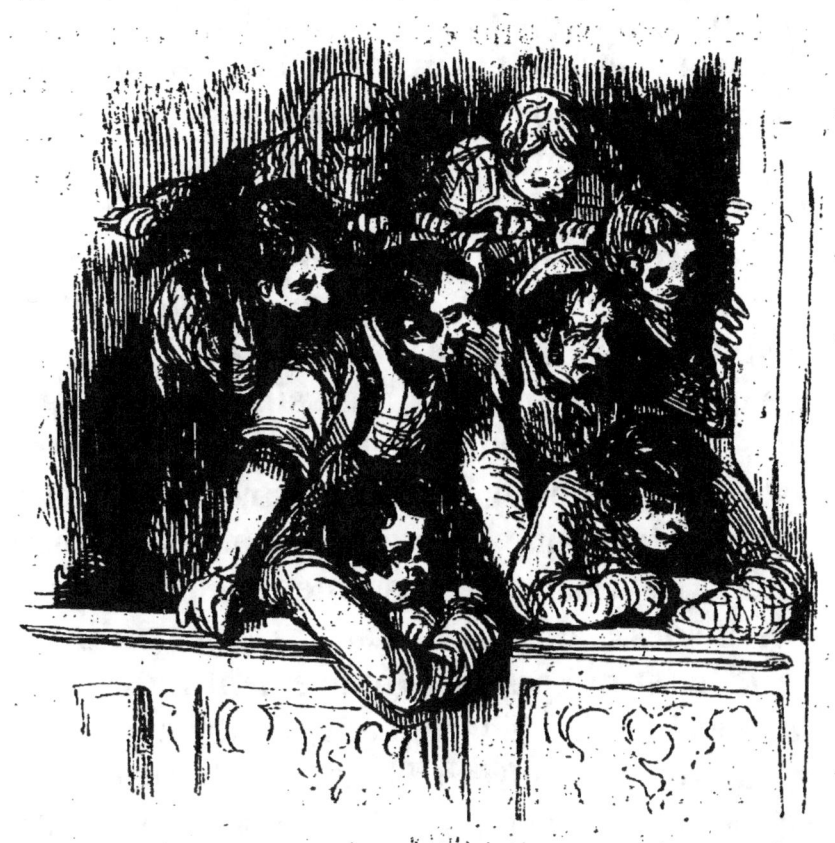

En province, le théâtre n'est visité que par ce qu'on est convenu d'appeler *la bonne compagnie*. Le peuple ne connaît que le cabaret.

Mais enfin autrefois quelques directeurs de province ont fait leurs affaires avec la bonne

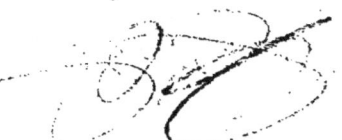

compagnie. Il est vrai qu'à cette époque les prétentions du public et des artistes étaient plus modestes. Aujourd'hui le public ne se contente plus de l'opéra-comique et du vaudeville ; il lui faut du grand opéra et des ballets. Les premières danseuses et les ténors sont hors de prix. Les places ne sont pas augmentées. le parterre n'est guère mieux garni qu'autrefois, et les directeurs se ruinent.

Pauvres théâtres de province !

Les directions de province se divisent en deux classes: directions sédentaires, comme celles de Lyon, Bordeaux, Marseille, Rouen, etc. ; puis les directions d'arrondissement. La France est partagée de par M. le ministre de l'intérieur en une trentaine d'arrondissements dramatiques. Il y a par arrondissement deux directeurs privilégiés, l'un qui choisit les villes où il veut résider, et qui passe ordinairement l'hiver dans le chef-lieu du département, l'autre qui vit des restes de son confrère. Enfin dans le champ dramatique, comme dans tous les champs possibles, il y a des glaneurs. Des troupes ambulantes parviennent encore à trouver quelques écus après les deux directions privilégiées ! C'est un véritable tour de force !

Maintenant que la profession de comédien est devenue une profession reconnue et régulière,

maintenant que l'acteur fait partie de la garde
nationale et que l'actrice soigne vertueusement
son pot-au-feu, c'est dans les troupes ambulantes que s'est réfugiée l'ancienne verve des hé-
ros de Scarron, le *vis comica* des Scapins et des
Mascarilles de la bonne époque ; c'est là qu'il
faut aller chercher tout ce qu'il reste encore
d'un peu débraillé, d'un peu imprévu, d'un peu
bohème dans la grande famille de la marotte.

Les troupes ambulantes se composent de
vieux comédiens qui ont conservé les bonnes
traditions et qui n'ont pas pu se soumettre au
joug de la nouvelle loi. Ils n'ont qu'une garde-
robe qui serait sifflée par un parterre un peu
difficile, — tant elle se compose de loques mal
attachées et de morceaux grimaçants de se trouver réunis. Ils aiment assez à faire à pied la
route d'une bourgade à l'autre, et à s'arrêter
dans les grosses auberges du bord de l'eau pour
goûter le petit vin du pays. Ils connaissent Molière plus que M. Scribe, et les tragédies de Racine plus que les drames de M. Victor Hugo.

Ils ont à côté d'eux de jeunes émules, presque tous *enfants de la balle*, qui sont nés au
théâtre, qui mourront au théâtre, qui n'ont vu
le monde que par le trou du rideau, et qui vivent toujours comme la *Rancune* du *Roman
comique*, dans les régions fantastiques de l'art.

Le directeur de cette troupe est le véritable type du directeur, — type qui se perd tous les jours, et qui bientôt ne sera plus sur la médaille des temps qu'une figure pâle et effacée !

Il entre dans une bourgade, accompagné de ses pensionnaires. Hélas ! les directeurs privilégiés exploitent les villes et ne lui laissent que les bourgades !

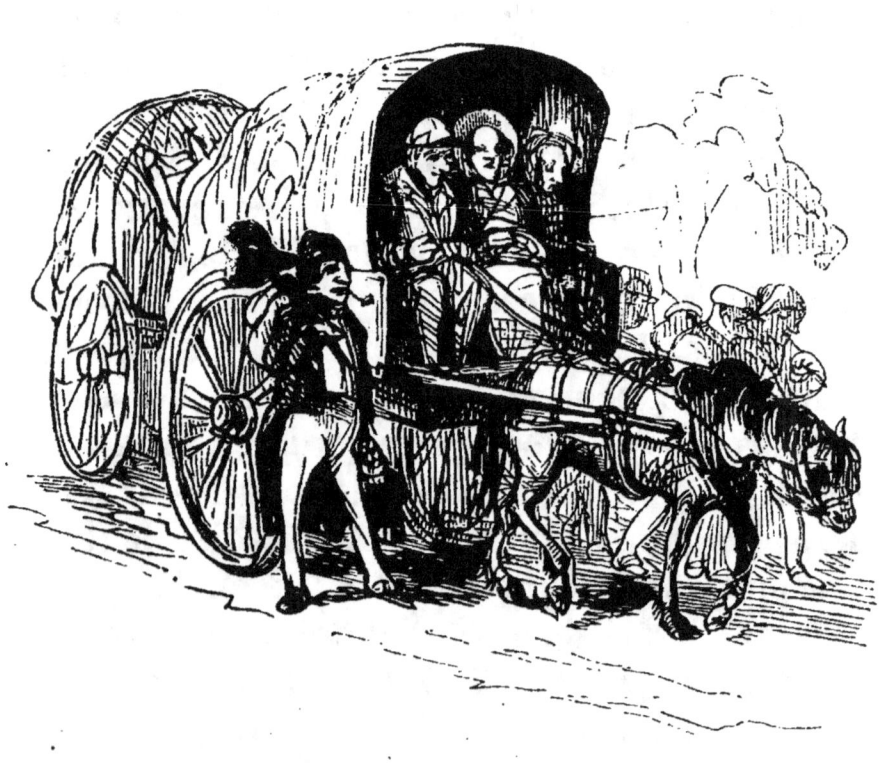

Juché sur une carriole d'osier, il jette de temps en temps un coup d'œil inquiet du côté de la charrette qui porte les malles de la troupe et sa caisse. *N. B.* La caisse ne contient que des gros sous !

A peine débarqué, il s'empresse de mettre une cravate blanche, de revêtir son habit noir râpé, et de se rendre chez M. le maire, pour obtenir l'autorisation de jouer. Le premier magistrat du trou en question, qui est ordinairement un petit propriétaire, un avoué de campagne retiré des affaires, ou bien encore un marchand de bois, le reçoit du haut de sa grandeur administrative, mais non toutefois sans bienveillance. Il n'est pas fâché que l'on apporte quelques distractions à ses administrés qui s'ennuient beaucoup. Le dialogue suivant s'établit bientôt entre ces deux citoyens de la même patrie, mais de condition inégale :

« Eh bien ! monsieur le directeur, vous venez nous faire visite...

— Oui, monsieur le maire ; enflammé de l'amour sacré des arts, je viens initier les habitants de cette ville aux jouissances de l'esprit et aux délices de la scène...

— Oh ! nous ne sommes pas tout à fait des sauvages... Nous avons eu l'année dernière des sauteurs de corde et des chiens savants... Qu'est-ce que vous nous ferez voir ?

— Les chefs-d'œuvre du répertoire ancien et moderne.... Nous commencerons par *le Proscrit,* monsieur le maire.

— Qu'est-ce que c'est que ça...

— Cinq actes très-chauds et très-colorés de Frédéric Soulié, monsieur le maire.

— Je ne connais pas le nommé Frédéric Soulié... La pièce ne contient rien de dangereux pour la morale et l'ordre public ?

— Absolument rien, monsieur le maire.

— C'est bien...

— Je demanderai à monsieur le maire où est située la salle de spectacle...

— Nous n'en avons pas.

— Ah ! ah !

— Mais vous pourrez vous arranger de la grange de Jean Picot, l'aubergiste du Lion d'or ; il vous la louera à bon compte...

— J'ai l'honneur de saluer monsieur le maire.

Le directeur s'entend avec Jean Picot et fait afficher aussitôt le spectacle sur tous les murs de la bourgade :

Avec la permission de M. le maire
et des autorités constituées,

Y compris M. le brigadier de la gendarmerie et
M. le garde champêtre de la commune,

**Les comédiens ordinaires du département de
la Côte-d'Or,**

DONT PLUSIEURS ONT FAIT PARTIE
DE DIVERS THÉATRES DE LA CAPITALE ET DES
TROUPES DE LEURS MAJESTÉS
L'EMPEREUR DE RUSSIE, LE ROI DE TOMBOUCTOU,
LE GRAND-DUC DE BADE ET LA REINE
DES OVAS,

**Auront l'honneur de donner ce soir aux
habitants de cette ville**

La première représentation

DE

LE PROSCRIT,

OU

LA FEMME CRUELLEMENT BALLOTTÉE ENTRE DEUX MARIS,

PAR M. FRÉDÉRIC SOULIÉ,

de l'Académie française et de la Société des gens de lettres.

N. B. Il n'y a rien dans cette pièce qui doive effa-
roucher la pudeur des jeunes personnes. La mère en
permettra la lecture à sa famille.

Dans l'entr'acte,

M. CLÉOBUL, élève de TALMA, viendra chanter *Man' p'tit Pierre* et la *Garde-Malade*.

La première représentation

DE

FRÉTILLON,

OU

LA FEMME DONT LE COEUR EST BON S'ÉCARTE QUELQUEFOIS DU CHEMIN DE LA VERTU, MAIS N'Y RENTRE JAMAIS ;

PAR M. SCRIBE *,

Poëte des fêtes de S. M. le Roi des Français.

N. B. Il n'y a rien dans cette pièce qui puisse blesser les opinions politiques de quiconque. *La Charte sera désormais une vérité.*

Dans l'entr'acte,

Mademoiselle ALINE, jeune enfant de dix ans, qui a beaucoup connu mademoiselle RACHEL à l'époque de ses malheurs, récitera le monologue de *Mithridate* et dansera la *cachucha*.

Le spectacle sera terminé par un

grand combat au sabre,

Exécuté par toutes les dames de la troupe.

* En province, tous les vaudevilles sont de M. Scribe.

Duo de flageolet et de triangle,

Par le jeune MIGNONNET (de onze ans) et le
jeune FOUYOU (de neuf ans).

Le prix des places ne sera point augmenté.

*Messieurs les enfants et messieurs les militaires
continuent à ne payer que demi-place.*

N. B. Le directeur, désirant satisfaire tous les dé-
sirs du public, a engagé, pour quelques représentations, M. **Lepeintre jeune**, du théâtre du *Vaudeville*, et l'**éléphant** dont les journaux de Paris
ont tant parlé.

Une fois les affiches apposées, l'actif impressario s'occupe du théâtre. Jean Picot lui a loué sa
grange toute nue. Il est fort difficile de faire de
cela un théâtre complet avec avant-scènes, galerie, orchestre, loges, scène, coulisses et tous les
accessoires. Mais notre directeur ne se décou-
rage pas pour si peu. Il a de l'imagination et il
s'est déjà trouvé bien souvent à pareille guerre.

Il coupe la grange en deux. D'un côté des

planches élevées sur des futailles figurent la scène. Un paravent garnit le fond et doit servir de décors pour toutes les pièces possibles. Seulement si un paysage devenait tout à fait exigible, on jetterait çà et là, sur la scène, quelques branches d'arbres fraîchement coupées. Voilà un

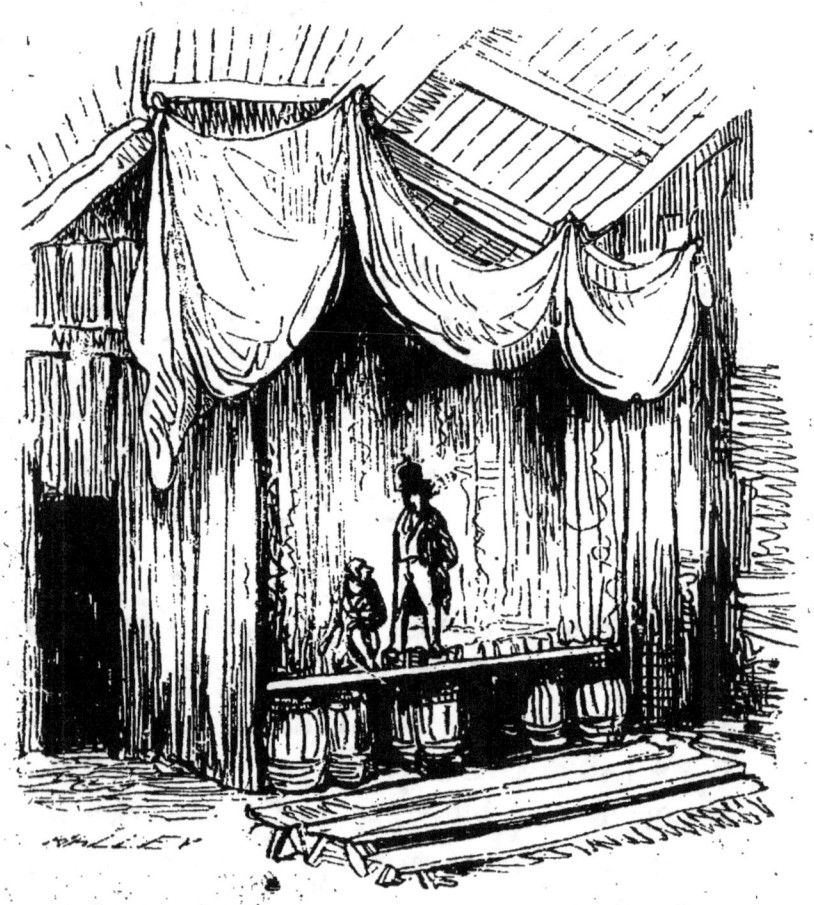

système de décorations qui doit ruiner à tout jamais les Cicéri et les Philastre.

De l'autre côté des bancs placés dans l'enceinte figurent le parterre et l'orchestre. C'est là où prendra place la démocratie du public. Tout autour règne un rang de chaises pour l'aristocratie. Enfin quatre fauteuils sont disposés en guise d'avant-scènes pour les autorités constituées.

Pendant la journée, la troupe, réfugiée dans une salle de l'auberge, répète les pièces ou plutôt les apprend, car le plus souvent le directeur, à court de nouveautés, met le matin au répertoire l'ouvrage que l'on jouera le soir. C'est une activité sans pareille. Mais les rôles sont rarement sus.

L'un des soins principaux du pauvre comédien de campagne est de s'arranger un costume. C'est ici qu'il lui faut apporter plus d'art encore et d'habileté qu'à la composition de son rôle. Mais que de ressources ne trouve-t-il pas dans son esprit !

Il joue le soir Néron dans Britannicus, et il n'a dans ses nippes que l'habit historique de Robert Macaire et une grande livrée qui date au moins de 1750. Il est fort difficile de faire de tout cela une toge romaine. Mais le comédien de campagne a l'habitude de braver les difficultés. Il faut un Néron ; le Néron demandé, le voilà ! c'est notre homme qui s'est drapé dans

les rideaux quasi blancs de son lit d'auberge,
et qui, semblable à un fantôme, récite à grands
éclats de voix la divine poésie de Racine.

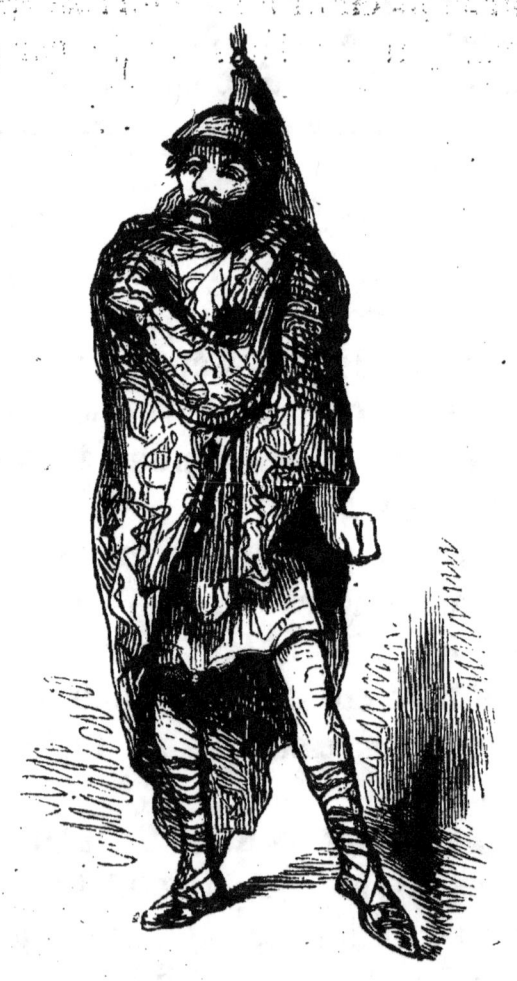

Une autre fois, éprouvant le besoin de possé-
der des bottes à l'écuyère, il se badigeonne les
jambes jusqu'aux genoux avec du cirage.

Une autre fois pour jouer le rôle de Napoléon, il emprunte le chapeau à trois cornes et l'uniforme d'un gendarme.

Une autre fois enfin il joue un rôle de sauvage avec un caleçon de bains et le carquois de l'amour.

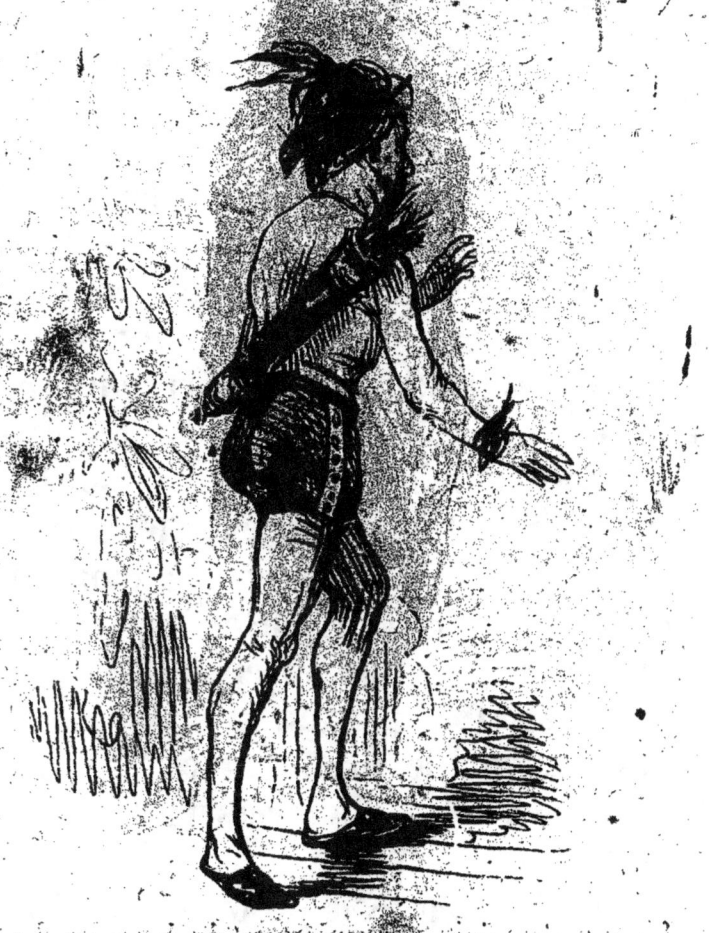

Jamais vous ne le trouverez en défaut.

A l'heure du spectacle, la femme du directeur,

grosse mère à la figure fardée et aux bijoux en chrysocale, s'asseoit à la porte du théâtre avec un paquet de contremarques et une espèce de tirelire en bois. Elle délivre les billets et fait la grimace toutes les fois que s'offre à elle une nouvelle entrée de faveur ! Hélas ! les entrées de faveur sont bien nombreuses !

C'est d'abord M. le maire qui présente toute sa famille ; c'est ensuite M. le garde général des forêts qui amène la sienne.

M. le commissaire de police fait entrer toute sa séquelle ; le garde champêtre régale *gratis* de la comédie ses frères, cousins, parents et connaissances à trente lieues à la ronde !

MM. les gendarmes de l'arrondissement pénètrent tous dans le sanctuaire, les mains dans les poches et le bonnet de police sur le coin de l'oreille, avec leurs femmes et leurs enfants.

Comment refuser la porte à toutes ces puissances de l'endroit ? En attendant, les puissances remplissent la salle et en laissent à peine la moitié au public payant.

Cependant le premier jour la recette est assez bonne, et l'impressario se frotte les mains.

Mais le bourgeois de province n'aime pas à sortir pour longtemps de ses habitudes casanières. Une fois le premier tribut payé à la cu-

riosité, il rentre dans sa coque et dans ses bon-
nets de coton.

Et puis, il faut l'avouer, le spectacle que lui
donne notre directeur n'est pas de nature à pi-
quer bien vivement ses goûts artistiques. La
troupe est mauvaise ; les rôles de comiques sont
joués par des amoureux, et les rôles d'ingénues
par des duègnes ; le tout à cause de la disette
des sujets. La prima donna déchante horrible-
ment, et le premier ténor porte dans tous les
rôles le même habit bleu de ciel à queue de
morue et les mêmes gants vert-pomme.

En somme, la récolte d'écus au bureau baisse
tous les jours. Vers le quinzième jour la salle est
tout à fait déserte Cependant ces pauvres comédiens se sont endettés dans l'endroit. Les re-
cettes n'ont pas suffi à leurs dépenses quoti-
diennes, et ils ont un peu vécu d'espérance. Ils
doivent de l'argent à l'épicier, au cabaretier, au
boulanger ! et leur personne seule en répond !
Pas moyen de partir. Ils sont au mont-de-piété ?
comment se dégageront-ils ?

C'est alors que l'impressario appelle à son
aide toutes les ruses du métier. Un beau matin il fait placarder une affiche-monstre ; elle
porte :

Pour les représentations

DE

MADEMOISELLE PLESSIS,

Sociétaire de la Comédie-Française.

LE VERRE D'EAU,

etc., etc., etc.

Le soir grande affluence; 1500 fr. de recette. La république est sauvée.

Mademoiselle Plessis a un succès fou ! Le lendemain les lions de l'endroit et même les hommes de quarante ans la suivent dans les rues.

Le sous-préfet, auquel l'annonce d'une représentation de mademoiselle Plessis avait fait quitter sa résidence, mais qui n'est arrivé la veille dans la bourgade qu'à onze heures du soir à cause du mauvais état des chemins, se rend le matin sur la promenade pour rencontrer la belle actrice. Il l'a beaucoup connue à Paris ; c'est un ancien viveur, chef de bureau à la division des beaux-arts, et qui fréquentait les coulisses de la Comédie-Française !

Où est mademoiselle Plessis ? Qu'on le présente à mademoiselle Plessis? — Le percepteur des contributions indirectes le met nez à nez avec elle.

Stupéfaction! ce n'est pas mademoiselle Plessis!

Eh bien, non! ce n'est pas mademoiselle Plessis! C'est une jeune actrice de la troupe que l'impressario n'avait pas encore montrée, et qu'il cachait dans ses bagages pour les cas imprévus.

Grande rumeur dans la ville! Le directeur est un intrigant, un faussaire; il mérite les galères, et quelque chose de pis encore!

Lui, tel que l'homme juste d'Horace, reste ferme et impassible. — Il avait son plan dans la tête. — Une demi-heure après, on peut lire sur tous les murs de la ville une affiche ainsi conçue :

AVIS.

On a accusé à tort le directeur du théâtre de cette ville d'avoir voulu abuser de la confiance d'un public qui lui a prodigué les témoignages de sa bienveillance. Il y a eu une erreur dans la composition de l'affiche; c'est la faute du typographe. Une ligne entière a été oubliée. Nous rétablissons l'affiche telle qu'elle aurait dû être imprimée :

Pour les représentations

DE

MADEMOISELLE ALINE, *Émule de* (ligne oubliée.)

MADEMOISELLE PLESSIS,
Sociétaire de la Comédie-Française,

LE VERRE D'EAU,

etc., etc., etc , etc.

Les villageois de bourgade sont rageurs comme tous les villageois. Ceux de l'endroit n'avalent que difficilement la pilule. Malgré l'excuse du directeur ils lui jettent des trognons de choux et des sottises lorsqu'ils le rencontrent dans la rue. Aussi se hâte-t-il de quitter précipitamment cette ville inhospitalière. Mais encore valait-il cent fois mieux la quitter de cette façon-là, que de ne pas la quitter du tout !

Parmi les troupes ambulantes, les plus curieuses sont celles qui se composent d'une seule famille : d'un grand-père et souvent de deux, du père, de la mère, et de quatorze enfants de différents âges. Dans ces troupes-là, le père fait une déclaration d'amour en scène à sa fille ainée, et le petit-fils, qui joue Léandre, donne le coup de pied au cul à son grand-père qui joue Mascarille! C'est peu touchant.

Tel est le grand cabotinage, le beau cabotinage, le cabotinage pur sang, le vrai cabotinage qui s'efface et disparaît tous les jours. Cependant il est passablement vivace ; il laissera longtemps encore des traces derrière lui.

Mais il ne faut pas croire que le cabotinage, malgré les échecs que lui font éprouver les prix Monthyon dramatiques qui se remportent tous les matins, soit déjà renfermé dans ces limites-là. On le trouve sur de plus grands théâtres. Il se rencontre encore quelquefois dans les grandes villes — et même à Paris.

Ce directeur de Bordeaux ou de Lyon, qui surcharge son affiche de titres amphigouriques et annonce que, dans les entr'actes de l'opéra de la *Vestale,* il fera manœuvrer un peloton des cuirassiers de la garnison déguisés en licteurs, — cabotin!

Cette actrice de Paris, qui envoie le valet de chambre de son amant jeter de la troisième galerie plusieurs couronnes à son mari qui est en scène, — cabotine!

Ce sociétaire de la Comédie-Française qui, dans ses représentations en province, annonce qu'il jouera un drame de M. Alexandre Dumas et des vaudevilles du Palais-Royal, et qu'au besoin même il chantera une petite chansonnette, — cabotin !

Ce premier comique qui, à son arrivée dans une ville, se fait indiquer l'estaminet des malins de l'endroit, s'y rend aussitôt, lie connaissance avec ces messieurs, leur fait des calembours, des tours de carte, des cabrioles sur le billard, et assure ainsi son succès du lendemain, — cabotin !

Cet auteur dramatique qui, apprenant que l'on monte quelque part une pièce de l'un de ses confrères, pièce au sujet d'une popularité heureuse, s'empresse d'aller proposer le même sujet à un théâtre voisin, et fait monter la pièce en quinze jours, — cabotin !

Cet autre écrivain dramatique qui, dans les réunions de l'association des auteurs, va solliciter chapeau bas et la larme à l'œil les votes individuels de chaque membre, en étalant sa misère devant leurs yeux et en leur disant que pour manger il a besoin d'être nommé membre de la commission, et qui, après son élection, relève la tête et ne salue plus personne, — cabotin.

Dans les grandes villes de province, le théâtre n'appartient pas au véritable public, mais à une centaine de jeunes gens, clercs de notaire, fils de famille, fashionables manqués, qui prennent résolûment le titre de *cabaleurs*, et font la loi au parterre. C'est une véritable corporation. Les cabaleurs font les succès et les chutes. Il suffit qu'une actrice ait résisté à l'un d'eux pour qu'elle soit accueillie en scène par une bordée de sifflets et forcée de quitter la ville. Ils se disent entre eux : Passe-moi Florinde, je te permettrai Léonie. Ils jouent en quatre points d'écarté la réussite ou l'*aplatissement* de tel ou tel acteur. En certaine ville du Midi, les cabaleurs ne souffrent pas dans le corps de ballet de danseuse mariée ou ayant un amant parmi ses camarades. Toutes les danseuses leur reviennent de droit. Il faut rompre son engagement ou subir cette tyrannie stupide. Une jeune élève de Terpsichore adressait des plaintes à ce sujet au directeur : « Que voulez-vous, ma chère amie, lui dit-il, c'est la coutume de la ville. »

C'est aussi la coutume des sauvages de manger les créatures humaines qui leur tombent entre les mains.

Le véritable public supporte d'une manière trop bénévole l'empire que se sont arrogé les cabaleurs. Chose singulière ! ces mêmes avocats de quarante ans, ces mêmes négociants, ces mêmes rentiers plus ou moins cassés, qui parmi les cabaleurs comptent leurs fils, leurs neveux, leurs héritiers, jeunes gens qu'ils morigènent assez vertement au logis, et dont ils ne supportent pas la moindre fredaine, se laissent tout à fait déborder par eux au théâtre et permettent que toute cette jeunesse les gêne et les violente dans leurs plaisirs. En général les cabaleurs sont tapageurs et d'assez mauvais goût. Leur présence éloigne du théâtre la partie la plus polie et la plus brillante de la société du lieu. Les dames surtout, qui n'aiment pas le bruit, se montrent fort rarement au spectacle, se gardent bien de s'en faire une habitude et ne prennent une loge que dans les grandes occasions. Et c'est encore le malheureux directeur qui pâtit! Il perd tous les soirs des places bien occupées qui se prendraient au prix du bureau, et il n'a en compensation que l'abonnement fort modique d'une centaine de cabaleurs, qui le rendent le plus infortuné des hommes par leurs prétentions exagérées.

Les chefs des cabaleurs se placent ordinairement dans une loge d'avant-scène, qui prend le nom de *loge infernale*. C'est de là que part le signal des applaudissements et des sifflets. C'est de ce côté-là que se portent involontairement les regards des actrices lorsqu'elles entrent en scène. La loge infernale est la parodie d'un véritable tribunal dramatique.

En certaines localités on a adopté une coutume détestable et qui rappelle la sauvagerie des premières époques du théâtre. On achète au bureau des *billets de coulisses* ; c'est-à-dire que moyennant un supplément, on peut de la première galerie passer sur la scène. Il y a une porte de communication et une ouvreuse spéciale. Nous reconnaissons que cette faculté est un appât très-tentant pour la concupiscence de MM. les commis marchands et de MM. les avoués sur le retour. Mais nous n'avons pas besoin de faire remarquer combien un tel usage nuit à l'illusion scénique, est contraire à toutes les idées morales. Le foyer des acteurs est un sanctuaire ; ils ne doivent y recevoir que ceux qui y viennent en visiteurs, qui y entrent avec leur permission, et qui par là même sont astreints à la même politesse de conduite que dans un salon où ils seraient admis. Mais si vous vendez le droit de pénétrer dans votre intimité, qu'arrive-t-il ? que des hommes grossiers pourront en abuser et blesser à tous moments vos justes susceptibilités.

Quelques directeurs, pénétrés de cette idée, ont voulu couper court à cet abus. Mais ils ont soulevé contre eux une telle tempête, qu'ils ont été obligés de renoncer à la réforme. Les maires eux-mêmes, qui auraient dû venir à leur aide, se liguaient dans cette occasion contre eux avec les réclamants. Il y a encore des maires qui sont fort gaillards.

L'une des singularités du théâtre de province, c'est l'abonnement militaire.

Lorsqu'il y a garnison dans une ville, le colonel fait retenir par mois, à chaque officier, une somme proportionnée à son traitement pour son entrée au spectacle. Le total de la souscription est versé entre les mains du directeur. Cet arrangement convient très-bien aux jeunes officiers, aux dilettanti militaires, qui, moyennant un déboursé très-modique, trouvent tous les soirs un délassement agréable. Mais il ne plaît pas au même degré aux vieilles moustaches, qui passent la soirée à fumer leur pipe dans un estaminet ou dans le sein de leur famille. (*N. B.* La famille n'est pas comprise dans l'abonnement militaire.) Ajoutez à cela que le droit des officiers est nul pour les représentations extraordinaires, et que la direction les multiplie autant qu'elle peut. Toutes les fois qu'il y a une première représentation, on affiche *représentation extraordinaire.* De là est née une locution familière. Lorsqu'en province on veut parler d'*un mauvais spectacle,* on dit *un spectacle d'abonnement.*

Le théâtre de province fournit d'assez bons types,—le *résident*, par exemple.

Le résident est l'acteur qui parvient à rester plusieurs années de suite dans la même ville. Il faut bien connaître les mœurs dramatiques de la province, il faut savoir combien le parterre de Bordeaux est capricieux, et combien la loge infernale de Rouen aime les nouvelles figures, pour comprendre tout ce qu'il a fallu au résident d'habileté et de philosophie pour n'être pas obligé d'émigrer à chaque renouvellement de saison théâtrale. Ce n'est point d'ordinaire un talent de premier ordre qui a assuré au résident la faveur du public... il ne joue qu'un emploi secondaire, il le joue avec beaucoup de laisser-aller et de négligence. Mais un beau soir le résident a chanté *la Marseillaise* d'une voix de stentor, au moment où le public la demandait et où le premier ténor était enrhumé ; ou bien il a improvisé dans l'un de ses rôles un calembour qui a réjoui pendant huit jours tous les comptoirs de la ville ; ou bien encore il est né dans le département, et il peut se dire enfant du sol. Enfin il est adopté par le public. Son réengagement est certain. Il n'est point soumis, comme ses camarades, à la formalité des trois débuts. Tout directeur nouveau est obligé de l'enrôler dans sa troupe. Un impres-

sarlo qui voudrait se passer de lui serait perdu.
A la première représentation de ses acteurs,
il verrait se dresser contre lui une cabale for-
midable. Tous les serpents des loges et de l'orchestre siffleraient sur sa tête. Une vague de
murmures menaçants, une montagne d'impré-
cations et d'injures déferlerait sur lui. Il n'aurait plus qu'à plier bagage et à remettre sa
démission entre les mains de M. le maire. C'est
là une des mille jouissances de la spéculation
dramatique en province.

Aussi ce résident, que nous appellerons Floridor, fait-il la loi à celui qui devrait être son
maître et l'arbitre de sa destinée. Il exige de
lui des appointements qui ne sont nullement
en proportion avec son faible mérite. Il demande des feux et des congés. Il choisit les
rôles les meilleurs, et veut que toutes les autres
actrices cèdent le pas à celle qu'il a choisie pour
sa favorite. S'il rencontre dans son *tyran de directeur* la moindre velléité de résistance, il le
menace de toutes les colères du parterre, — et
le pauvre homme est bien obligé de céder.

Floridor est surtout occupé à entretenir de
bonnes relations avec les cabaleurs de l'endroit.
Il fréquente leur café, il fume dans leur pipe, il
joue avec leur queue de billard. Pour leur plaire,
il fait le ventriloque, raconte des gaudrioles et

des anecdotes de coulisse, se moque de ses camarades, et fait leur charge au milieu des
éclats de rire et des trépignements. Il a soin
d'*abîmer* surtout ceux qui lui portent ombrage,
et dont le talent offusque ses prétentions. Souvent un mot de lui, jeté entre deux parties de
piquet, leur cause plus de tort que vingt fautes
réelles commises en scène.

Le temps ne fait que consolider et accroître
l'influence de Floridor. Les cabaleurs qui ont
eu leur temps cèdent la place à d'autres ; mais
eux-mêmes devenus juges, gros marchands,
rentiers, fonctionnaires publics, n'oublient pas
les heures de plaisir qu'ils ont dues à l'acteur
de la ville, et conservent de lui un bon souve-
nir. Floridor a ainsi dans le public huit ou dix
générations de cabaleurs qui s'intéressent à son
sort, qui le soutiennent, qui contribuent à le
faire demeurer en place jusqu'à sa vieillesse.

Lorsque Floridor devient trop vieux pour
endosser encore l'habit pailleté de Cléanthe ou
la souquenille de Gros-Jean, lorsque son menton et son nez se joignent, et que son chef
branlant tombe sur sa poitrine, il a une représentation à son bénéfice où vient toute la ville,
et qui lui rapporte un millier d'écus. Il joint à
cela des économies qu'il a réalisées en organi-

sant pendant quarante hivers des bals masqués et des soirées amusantes, — et il se retire.

Le résident a son pendant ; c'est le *débutant*, l'éternel débutant.

Le débutant est un acteur fort médiocre et qui ne peut rester dans aucune ville. Mais il a de l'intelligence, et il a su tirer parti de sa faiblesse elle-même.

Les troupes dramatiques de province se renouvellent tous les ans. Tous les ans les acteurs sont soumis à une épreuve très-sérieuse par le parterre. Sur la totalité des membres d'une compagnie dramatique, il est rare qu'il n'en reste pas un bon tiers sur le carreau. Le public aime à voir des physionomies nouvelles. Or, il faut que le directeur remplace immédiatement les sujets tombés. Il demande de nouveaux artistes à son correspondant. Souvent il y a grande pénurie de talents sur la place. Alors le correspondant, qui ne veut pas être pris en défaut, envoie tout ce qu'il trouve sous sa main. C'est le moment de triomphe du débutant. Il part avec la certitude de tomber ; mais il a touché ses frais de voyage et un mois d'avance. Il tombe, et revient aussitôt à Paris chercher une nouvelle chute. Il fait trois ou quatre petites excursions comme celle-là dans son année, et gagne pendant son mois de début autant que tel ou tel de ses camarades pendant les douze autres. Il est connu

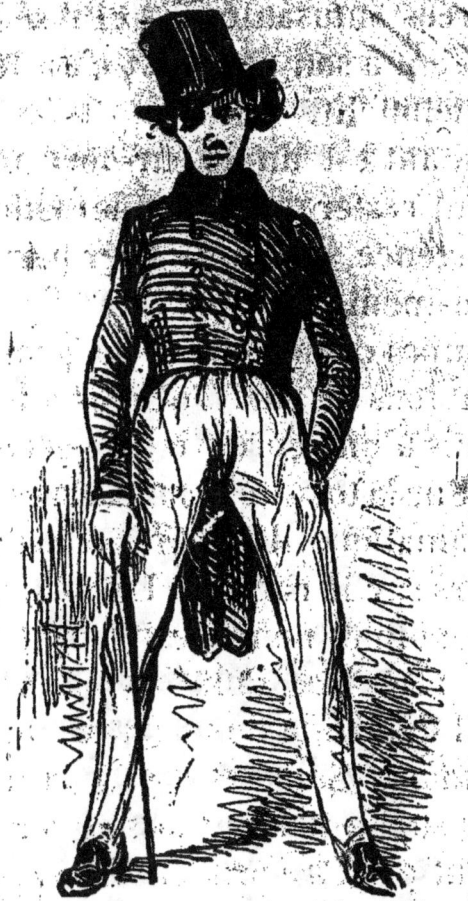

comme *chutant*, mais on se servira toujours de lui, parce qu'on en a un besoin réel. Il est très-utile pour faire prendre patience à un public échauffé. Le débutant, dont le métier n'est pas fatigant et qui est économe, se retire avec une petite aisance.

On a tout dit sur le séjour des comédiens à Paris aux vacances de Pâques. Le café des comédiens, qui n'est plus, hélas! que l'ombre de lui-même, a été vingt fois décrit! On a dit les allées du Palais-Royal envahies par la horde des pèlerins comiques! C'étaient là des tableaux qui venaient se placer d'eux-mêmes sous les yeux de nos écrivains de genre, et ils ne se sont pas fait faute de les copier. Mais aucun d'entre eux n'a suivi les acteurs de province sur leur véritable terrain, — en province.

Le sujet est neuf et riche. Le *Roman comique* de Scarron est d'une vérité éternelle pour le fond des choses; mais les accessoires ne sont plus les mêmes. Je ne pouvais tracer ici qu'une légère esquisse. Le livre est toujours à faire.

Et maintenant que vous dirai-je? Que les acteurs de province ont autant d'amour-propre que ceux de Paris, que les actrices sont aussi coquettes, que l'harmonie ne règne pas dans les coulisses, qu'on se dispute les rôles, qu'on aime les articles de journaux, mais surtout ceux qui déchirent une rivale, et que l'on se réjouit des applaudissements que l'on reçoit, non pas tant parce qu'on les reçoit, que parce qu'ils doivent affliger le voisin!

Eh! mon Dieu! ce sont là toutes choses dont vous vous doutiez bien, et dont il n'était guère utile de vous entretenir.

TABLE.

www.ingramcontent.com/pod-product-compliance
Lightning Source LLC
Chambersburg PA
CBHW071558220526
45469CB00003B/1052